U0522960

本书系国家社科基金一般项目
"中越老缅边境地区跨国女性'汇款效应'研究"
（项目批准号：18BSH101）成果

云南大学
周边外交研究丛书

陈 雪◎著

跨国"摆渡"与
区域共生

外国人在云南

中国社会科学出版社

图书在版编目（CIP）数据

跨国"摆渡"与区域共生：外国人在云南/陈雪著 . —北京：中国社会科学出版社，2023.6

ISBN 978-7-5227-2515-4

Ⅰ.①跨…　Ⅱ.①陈…　Ⅲ.①外国人—人口流动—研究—云南　Ⅳ.①C924.247.4

中国国家版本馆 CIP 数据核字（2023）第 165840 号

出 版 人	赵剑英	
责任编辑	马　明　　郭　鹏	
责任校对	王　帅	
责任印制	王　超	

出　　版	中国社会科学出版社	
社　　址	北京鼓楼西大街甲 158 号	
邮　　编	100720	
网　　址	http://www.csspw.cn	
发 行 部	010-84083685	
门 市 部	010-84029450	
经　　销	新华书店及其他书店	
印　　刷	北京明恒达印务有限公司	
装　　订	廊坊市广阳区广增装订厂	
版　　次	2023 年 6 月第 1 版	
印　　次	2023 年 6 月第 1 次印刷	
开　　本	710×1000　1/16	
印　　张	13	
插　　页	2	
字　　数	189 千字	
定　　价	68.00 元	

凡购买中国社会科学出版社图书，如有质量问题请与本社营销中心联系调换
电话：010-84083683

版权所有　侵权必究

云南大学周边外交研究中心
学术委员会名单

主 任 委 员： 郑永年

副主任委员： 邢广程　朱成虎　肖　宪

委　　　员：（按姓氏笔画排序）

王逸舟　孔建勋　石源华
卢光盛　刘　稚　许利平
李一平　李明江　李晨阳
杨　恕　吴　磊　陈东晓
张景全　张振江　范祚军
胡仕胜　高祖贵　翟　崑
潘志平

《云南大学周边外交研究丛书》
编委会名单

编委会主任： 林文勋

编委会副主任： 杨泽宇　肖　宪

编委会委员：（按姓氏笔画排序）
　　　　　　　　孔建勋　卢光盛　刘　稚
　　　　　　　　毕世鸿　李晨阳　吴　磊
　　　　　　　　翟　崑

总　序

　　近年来，全球局势急剧变化，国际社会所关切的一个重要议题是：中国在发展成为世界第二大经济体之后，其外交政策是否会从防御转变为具有进攻性？是否会挑战现存的大国和国际秩序，甚至会单独建立以自己为主导的国际体系？的确，中国外交在转变。这些年来，中国已经形成了三位一体的新型大外交，我把它称为"两条腿，一个圈"。一条腿是"与美、欧、俄等建立新型的大国关系，尤其是建立中美新型大国关系"；另一条腿为主要针对广大发展中国家的发展倡议，即"一带一路"；"一个圈"则体现于中国的周边外交。这三者相互关联、互相影响。不难理解，其中周边外交是中国外交的核心，也是影响另外两条腿行走的关键。这是由中国本身特殊的地缘政治考量所决定的。首先，周边外交是中国在新形势下全球谋篇布局的起点。中国的外交中心在亚洲，亚洲的和平与稳定对中国至关重要，因此能否处理好与周边国家的关系、克服周边复杂的地缘政治环境，将成为中国在亚洲崛起并建设亚洲命运共同体的关键。其次，周边外交是助推中国"一带一路"主体外交政策的关键之举。"一带一路"已确定为中国的主体外交政策，而围绕着"一带一路"的诸多方案意在推动周边国家的社会经济发展，考量的是如何多做一些有利于周边国家的事，并让周边国家适应中国从"韬光养晦"到"有所作为"的转变，使其愿意合作，加强对中国的信任。无疑，这是对周边外交智慧与策略的极大考验。最后，周边外交也是中国解决中美对抗、中日对抗等大国关系的重要方式与途径。中国充分发挥周边外交效用，巩固与加强同周边国家的友好合作关系，支持周边国家的发展壮大，提升中国的向心力，将降低美、日等大国在中国周边国家与地区中的影响力，并降低美国在亚洲同盟与中国对抗的可能性与风险，促成周边国家自觉对中国的外交政策做出适当的调整。

从近几年中国周边外交不断转型和升级来看，中国已经在客观上认识到了周边外交局势的复杂性，并做出积极调整。不过，目前还没能拿出一个更为具体、系统的战略。不难观察到，中国在周边外交的很多方面既缺乏方向，更缺乏行动力，与周边国家的关系始终处于"若即若离"的状态。导致该问题的一个重要原因是对周边外交研究的不足与相关智库建设的缺失，致使中国的周边外交还有很大的提升和改进空间。云南大学周边外交研究中心一直紧扣中国周边外交发展的新形势，在中国周边外交研究方面有着深厚基础、特色定位，并在学术成果与外交实践上硕果颇丰，能为中国周边外交实践起到智力支撑与建言献策的重要作用。第一，在周边外交研究的基础上，云南大学周边外交研究中心扎实稳固，发展迅速。该中心依托的云南大学国际问题研究院从20世纪40年代就开始了相关研究。21世纪初，在东南亚、南亚等领域的研究开始发展与成熟，并与国内外相关研究机构建立了良好的合作关系，同时自2010年起每年举办的西南论坛会议成为中国西南地区最高层次的学术性和政策性论坛。2014年申报成功的云南省高校新型智库"西南周边环境与周边外交"中心更在中央、省级相关周边外交决策中发挥着重要作用。第二，在周边外交的研究定位上，云南大学周边外交研究中心有着鲜明的特色。该中心以东南亚、南亚为研究主体，以大湄公河次区域经济合作机制（GMS）、孟中印缅经济走廊（BCIM）和澜沧江—湄公河合作机制（LMC）等为重点研究方向，并具体围绕区域经济合作、区域安全合作、人文交流、南海问题、跨界民族、水资源合作、替代种植等重点领域进行深入研究并不断创新。第三，在周边外交的实际推动工作上，云南大学周边外交研究中心在服务决策、服务社会方面取得了初步成效。据了解，迄今为止该中心完成的多个应用性对策报告得到了相关部门的采纳和认可，起到了很好的资政服务作用。

云南大学周边外交研究中心推出的《云南大学周边外交研究丛书》与《云南大学周边外交研究中心智库报告》等系列丛书正是基于中国周边外交新形势以及自身多年在该领域学术研究与实践考察的

深厚积淀之上。从周边外交理论研究方面来看，这两套丛书力求基于具体的区域范畴考察、细致的国别研究、详细的案例分析，构建起一套有助于建设亚洲命运共同体、利益共同体的新型周边外交理论，并力求在澜沧江—湄公河合作机制、孟中印缅经济合作机制、水资源合作机制等方面有所突破与创新。从周边外交的具体案例研究来看，该套丛书结合地缘政治、地缘经济的实际情况以及实事求是的田野调查，以安全合作、经济合作、人文合作、环境合作、边界冲突等为议题，进行了细致的研究、客观独立的分析与思考。从对国内外中国周边外交学术研究与对外实践外交工作的意义来看，该丛书不仅将为国内相关研究同人提供借鉴，也将会在国际学界起到交流作用。与此同时，这两套丛书也将为中国周边外交的实践工作的展开提供智力支撑并发挥建言献策的积极作用。

郑永年
2016 年 11 月

自序　理解移民 理解自身

改革开放以来，中国主动参与全球化，获得经济社会的全面发展。国际移民也将中国视为向往之地，到此旅居与栖息。国际迁徙并非浪漫的想象与实践，对于我们这样一个一直以迁出人口为主的国家，突然转变为迎来不同肤色、不同国籍、不同类型移民的目的地，无论是政府，还是公众都未做好充足的准备，一切显得措手不及。移民选择迁徙中国的动因，与历史某一阶段，又或当下，移民前往其他目的国的原因，既有共性，也有自身的轨迹与特异性，亟待学者深入研究。

2021年公布的第七次全国人口普查结果显示，云南省境外人口数量位居全国第二，仅次于广东省。这一结果超出了大众的预料，但对于熟悉云南或从事移民研究的学人来说，这却是一个早已预估得出的结果。作为多民族的边疆省份的云南，与缅甸、老挝和越南3国接壤，边境线长4060千米，共有8个边境州（市）、25个边境县（市）、110个抵边乡镇（街道）、374个沿边行政村（社区）。大量依边而生的群体，世世代代在曾经模糊、现下清晰的国界线两侧往返游走。中国社会持续稳定的发展势能，成为强大的引力，逐渐将双向流动的迁徙，转化为单向剧增的流入。

当然，云南跨境人口的组成，可不仅仅只是在边境。省会城市昆明及其他较为发达的滇中城市，以及云南其他的旅游城市、宜居城市也迎来了不同规模、各种类型的移民。这些移民中，有来自西方国家的旅居者、背包客，也有来自世界各国，以南亚、东南亚国家为主的留学生群体、跨国商人等。从关注一种类型的移民，到全面考察各种类型的移民，能够帮助我们既审视中国的地方，其地缘地理与历史文化特性如何带来国际迁徙景观，更能通过不同类型移民者"想象的中国"，以他者目光体悟中国城市化、现代化的整体之变。

2007年，还在攻读传播学硕士的我，意图借助学习英语的便利，开启一场对"附近"中的"他者"——欧美外籍人士的调查。2007—2008年的几个月里，作为一个完全没有人类学、社会学训练背景的学人，我凭借着几乎没有实践过的"新闻采访"知识，在陈向明老师的《质的研究方法与社会科学研究》指导下开始了调研实践，完成了第一篇有点儿像样的移民研究论文《陌生人，朋友？——欧美裔外国人在昆明人际交往研究》。我从中确立了对移民研究的兴趣，却因现实找工作的需要，中断了学术研究。6年之后，当我开始攻读社会学博士之时，我几乎没有丝毫犹豫地将自己的研究对象确立为跨境婚姻移民。于是，从2014年至今，移民研究始终是我最重要的研究方向。

本书收录的前两章，一篇正是我的硕士学位论文，另一篇则是我在时隔10余年后，对"附近"的欧美外国人重启的调研。前后两次调查，在较长的时间中较为细致地观察了传统意义上的"优势移民"（privileged immigrants），在中国变动的情境中心理与实践策略的变化。第三章聚焦医学留学生这个特殊的群体来华留学的动机，展示"想象的中国"是如何构建起来并发生作用的。第四章到第七章回到了我读博期间最熟悉的研究议题——跨境流动的女性研究。这四章我选择了过去几年对我而言十分重要的几篇论文。这些研究当然不能涵盖云南所有类型的国际移民，但我尝试通过它提供一个研究视角，我们怎么样透过各种类型的移民，来审视今天中国的变化及其引发的互动。

在此特别说明的是：本书第三章的研究得到我曾经的学生，目前在武汉大学社会学专业攻读硕士的张畅帮助；第四章在撰写时，得到我的博士生导师杨国才老师的修改建议，在此表达我真挚的感谢。

我将本书的副标题确定为"外国人在云南"，而非"国际移民在云南",是因为 2007—2008 年,我正是从"外国人"这一非学术化的直观概念开启研究的。也希望这一表达能让那些想要理解我们生活世界中移民的人,能够有更多的兴趣来阅读,增进我们与移民的相互理解。

陈 雪

2023 年 3 月

目　录

第一章　21世纪初欧美外国人在昆明 …………………… （1）
　　第一节　导言 ……………………………………………… （1）
　　第二节　综述 ……………………………………………… （5）
　　第三节　"他们"的故事 …………………………………… （18）
　　第四节　"我"的故事 ……………………………………… （53）
　　第五节　结语 ……………………………………………… （58）

第二章　从优势移民转向跨国"摆渡人" ………………… （60）
　　第一节　有关欧美移民优势生产与再生产的研究回溯 …… （61）
　　第二节　研究欧美移民在西南：情景与方法 ……………… （69）
　　第三节　弹性的优势及其天花板 …………………………… （73）
　　第四节　跨国"摆渡人"策略及其价值所在 ……………… （79）
　　第五节　结语 ……………………………………………… （86）

第三章　想象的中国与云南国际医学教育 ……………… （88）
　　第一节　问题的提出 ……………………………………… （88）
　　第二节　资料来源与分析方法 …………………………… （90）
　　第三节　置于世界体系中的跨国医学教育流动研究 ……… （91）
　　第四节　从想象中国到来华学医景观的形成 …………… （94）
　　第五节　来华学医的平民化与区域化特征 ……………… （101）
　　第六节　结语 ……………………………………………… （103）

第四章　中缅跨境婚姻移民人口的阶段性剧增 …………（107）
　　第一节　关于跨境婚姻移民的研究回顾……………………（108）
　　第二节　中缅跨境婚姻移民人口剧增的现状 ………………（111）
　　第三节　中缅边境与亚洲地区跨境婚姻
　　　　　　移民人口剧增的相似性………………………………（113）
　　第四节　中缅跨境婚姻移民人口剧增的原因及应对 ………（117）

第五章　来自缅甸女儿的汇款……………………………………（123）
　　第一节　作为跨境移民的缅甸妇女……………………………（123）
　　第二节　女性汇款传递的图景…………………………………（127）
　　第三节　未婚女儿的奉献与期许………………………………（131）
　　第四节　已婚妇女的多重角色、负担以及应对 ………………（133）

第六章　全球照护链下澜湄区域妇女流动……………………（137）
　　第一节　理解全球照护链与移民女性化趋势 ………………（137）
　　第二节　澜湄区域各国政治与妇女的多样性流动图景 ……（140）
　　第三节　澜湄区域妇女流动类型与照护结构的变化 ………（147）
　　第四节　澜湄区域女性移民的照护需求与回应 ……………（151）

第七章　澜湄流动妇女的健康…………………………………（154）
　　第一节　作为一种分析工具的多元交织理论 ………………（155）
　　第二节　大湄公河次区域妇女的跨国流动与影响 …………（157）
　　第三节　多元社会身份与女性移民健康………………………（160）
　　第四节　区域合作与共同促进…………………………………（165）

参考文献 ………………………………………………………（169）

第一章

21世纪初欧美外国人在昆明

第一节 导言

所有社会,包括我们每个人,最终都会"迷失在时间或者空间中"。——每个曾经存在的人类社会都处在一个流动和变化的状态中。

摊开中国地图,可以看到在"雄鸡"的"臀部"盘踞着一个古时被称作"蛮夷之地"的省份——云南。直至元明清时期,云南地区设立行省后,大量南京等地的汉族移民通过屯田、经商、戍边等方式进入云贵地区,改变了云南"夷多汉少"的局面。而昆明作为云南的省会城市,承担着经济文化、交通交流的重要功能。也就是在这样一个衔接与中转的过程中,昆明形成了极具特色的"移民文化"。这种移民文化伴随着第二次世界大战时期西南联大的落脚以及美国飞虎队的驻扎等一系列历史事件的发生,得到了进一步的扩展以及繁荣。而昆明怡人的气候,作为少数民族聚居省份的中心城市以及与东南亚各国毗邻的地理位置,更使得昆明成为中国西南地区,甚至在整个中国来看,最富魅力的旅居城市之一。

昆明的历史、地理位置决定了昆明的文化景观呈现出"多元文化"元素共融衍生的态势,即少数民族文化、中原移民的汉文化、东南亚文化以及西方文化都在此地扎根,并以一种无约束的状态

"恣意地疯长着"。而四季无寒暑,永远春暖花开的季节更使得外来者和当地人在最短时间内,最快地融入昆明,最大限度地享受着昆明的休闲气息。

这一种充满整个城市的休闲氛围可以从林立的酒吧、迪厅、咖啡馆以及白天黑夜熙熙攘攘的人群中显出端倪,然后再弥漫开来。兴许在全国各大城市,酒吧文化其实早就成了都市夜生活的代名词,可是如果细细推敲和观察,昆明的酒吧却是要不同的。其中最特别的两条酒吧街,一条位于建设路旁的文化巷,另一条则存在于西坝路白药厂附近的一家弃用的旧仓库内。它们与位于"昆都""金马碧鸡坊"附近的表演性质的酒吧、迪厅存在着很大差异。

这两条酒吧街为何与别处不同?因为这两处的酒吧大多为在昆明旅居的外国人开办的,进出客人也大多以外国人和本地时尚青年为主,又时时会有一些主题派对、节日晚会,等等。酒吧开业往往都有些年头了,自有它的熟客,而客人来酒吧的目的多是聊天,而非"买醉"又或者"交友"。也因此这些酒吧可能用英文"Café"(咖啡馆)称之更为合适。因为对于西方人而言,咖啡馆是与熟知的朋友谈天说地的地方,而酒吧(bar/pub)则更蕴含着一股现代都市夜生活的暧昧气息。

2001年,我从另一个朝夕相处的城镇来到昆明求学。由于地靠我所就读的大学,"文化巷""文林街"成为我经过次数最频繁的街道之一。这条街给我印象最深的,是放眼望去自然游走在街道上、闲坐于酒吧之中的外国人。这短短的六七年里,这条街翻翻整整,变化很大,唯一不变的却是越来越多钟情于此的外来人士,更加专注地汇聚于这小小一方街道上同样狭小的酒吧、咖啡馆里。他们那些在当地人看来,引人注目的肤色、外表,在国人听来面目全非的语言,成为一种身份地标,在"我们"和"他们"之间划出一条界线,我们于是出于几分调侃,说不上褒义或是贬义地,一律称呼他们为"老外"。

"外者",指的自然是外方人士。西美尔在其撰写的《社会学——关于社会化形式的研究》一书中,将这样一群人唤作"陌生人",薄薄的一节《关于陌生人的附录》中有这样一段话:"他(陌生人）并非历来就属于它（新社区），他带着一些并非和不可能产生于它的品质带到它里面来。包含着人与人之间的任何关系的接近和距离的统一，在这里达到一种可以最简要概括的状况：在关系之内的距离，意味着接近的人是从远方来的，但是陌生则意味着远方的人是在附近的。"①

西美尔的"陌生人"概念很好地划定了这样一群外来者的群体身份，并在某种程度上刻画了他们与当地人"既近又远"的双重性心理距离。西美尔是在论述"空间与社会的空间定序"的背景下引出"外来人"这一话题的，他从距离和运动两个角度探讨了陌生人的特质。②

帕克于1928年在《人类迁移与边缘人》一文中提出了另一个概念——"边缘人"（marginal man），他将西美尔的陌生人概念运用在了描绘社会生活中的移民现象和文化接触等更为复杂的跨文化交往场景中。但他所谓的"边缘人"，其实是文化杂交的产物，边缘人生活在新旧两个文化世界中，而在每一个中又或多或少是外来人；渴望成为新群体中的正式成员，但又遭到排斥。这一理论对于解释特别像美国这样的移民国家中，亚文化与主流文化交融，以及在夹缝中生存的一种边缘处境，非常有帮助，但忽略了外来者本身对自己"边缘身份"的态度。并非所有的外来者都对自己的"边缘身份"感到无所适从，孤立无援，很多外来者甚至并不在意自己周围的社会生活，他们在社区边缘悠然自得地享受着生活，而并不会感到一丝一毫的忸怩和不和谐，他们甚至某种程度上深以自身的独特性为自豪。

意识到这样一种现象确实存在，保罗·苏提到了外来者的另一种类型，即旅居者（sojourner），在苏看来，旅居者不同于边缘人的双

---

① ［德］盖奥尔格·西美尔：《社会学——关于社会化形式的研究》，林荣远译，华夏出版社2002年版，第512页。译者在书中解释了有关"陌生人"一词，西美尔用的是德文单词der Fremde，也可译为"外来者，外乡人"。

② 西美尔在书中写道，"外来者不是今天来明天去的漫游者，而是今天到来并且明天留下的人，或者可以称为潜在的漫游者，即尽管没有再走，但尚未完全忘却来去的自由"。他强调了外来者在形式位置、位置上的客观性，以及外来者与本地人关系的抽象性。这些使外来者不是作为个体被感知的，而是作为一种类型，也因此，外来者成为"抽象的一类"。

重文化情结，他们固守着自己种群的文化。也因此，他们只是单纯地"过访"当地社区，但同时又要保持自身的"局外人"身份，或者"居留在当地社区"，却同时"不被同化"。[①]

环顾我们四周的这些"外来者"，据昆明市公安局最新统计，"目前，在昆明的常住外籍人员已经超过3000人"，[②] 这还不算那些短暂停留，或者往返于昆明与其他城市的外国人。但无论怎样，相对昆明市现今500多万的总人口基数而言，在昆外籍人士的数量显然有如沧海一粟，显得势单力薄，甚至不值一提。可是，他们确确实实生活在我们的周围。虽然更多的时候，"我们"和"他们"之间仿佛隔着天然的沟壑，"他们"从未试图要进入我们的生活本质中央，而"我们"中间的绝大多数人也仅仅是友善、客气、生疏地远远地打量着"他们"。

尽管本科时学习的专业是外语，但由于自身个性的原因，我并没有太多机会结识这些就在我们"身边"的外国人。只是，很多时候，看着那些和我年纪相仿的，又或者早已是白发苍苍的外国人，从身旁擦肩而过时，一种好奇心会不由自主地使我的眼光自然地追随他们，我真的很想和他们交谈，了解他们缘何来到这里，交到什么朋友，会不会寂寞，靠什么生活，生病的时候会不会想家……

从这些朴素而单纯的问题开始，到希望进一步了解他们来到昆明之后，人际关系是如何建立的，他们与当地人交往活动是怎样开展的，有没有专属于他们自己的圈子？交往中遇到的最大障碍是什么？而这些崭新的生活经历对他们个人的自尊和文化认同感有什么影响？对于他们审视"他者文化"和"自身文化"的关系，以及重新建构自身文化身份又有没有什么影响呢？这些新的、更为深入的问题激发了我的研究兴趣，也促使我在2007年选择了这样一个外来群体，在

[①] 保罗·苏的"旅居者"概念修正了长期以来被忽视的西美尔和帕克"陌生人"和"边缘人"之间的区别：外来性和边缘性的区分。在他看来，"旅居者"概念和西美尔的"陌生人"更为贴近。而"边缘人"则应该只是外来者中的一种类型，他还顺便提出了外来者的另一种类型：移居者（settler）。成伯清：《格奥尔格·西美尔：现代性的诊断》，杭州大学出版社1996年版，第139页。

[②] 数据来源于《春城晚报》2008年1月27日报道《在昆外籍员工已超千人，洋打工扎堆》一文中的统计。

昆明这一特定的区间范围内的人际交往状况作为我研究的课题。

第二节　综述

一　有关研究方法

本书采用的研究方法是"质的研究方法"（qualitative research）。关于质的研究方法，我最早接触是在准备论文开题过程中，读到学者陈向明的博士学位论文《旅居者和"外国人"：留美中国学生跨文化人际交往研究》时，第一次接触到这一研究概念。随后细读其《质的研究方法与社会科学研究》这一研究方法专著时，对"质的研究"有了更进一步的了解。陈向明对"质的研究"方法的初步定义如下：

> 质的研究是以研究者本人作为研究工具，在自然情景下采用多种资料收集方法对社会现象进行整体性探究，使用归纳法分析资料和形成理论，通过与研究对象互动对其行为和意义建构获得解释性理解的一种活动。[1]

事实上，"质的研究"方法首先是一种田野调查或者说"实地调查"的方法。费孝通先生曾撰文提到过1933年美国芝加哥大学社会学家罗伯特·帕克到燕京大学讲学时，曾这样解释过实地调查法："这种实地调查方法据派克（即帕克）教授说是从社会人类学里移植过来的。社会人类学用之于土著民族，社会学则用之于城市居民。"[2]帕克于是也将这种研究称为"community study"，费孝通将其翻译为

---

[1] 陈向明：《质的研究方法与社会科学研究》，教育科学出版社2006年版，第12页。
[2] 费孝通：《费孝通文集》第十三卷，群言出版社1999年版，第8页。费孝通进一步说明，帕克在著作中有"community is not society"的观点，因为在帕克看来，人际关系可以分出两个层次。第一层次是共存关系，是基层。这和其他动植物一样都是通过适应、竞争在空间获得个人所处的地位，相互间可以利用、维持生存的日常利害关系，而人际关系的第二个层次则是痛痒相关、荣辱与共的道义关系。这两层关系中前者形成的是community，后者是society，也因此"社区研究"其实是基于一个以地域为基础的人群内部的研究。

"社区研究"。"社区研究"这一方法因芝加哥大学社会学系将其广泛用于研究芝加哥市各种居民区而著名。而其根本精髓和人类学者所提的民族志的"观察融入式"方法,又或者诺曼·K. 邓金提出的解释性交往行动主义理论(interpretive interaction),从本质来看,其实都是一样的,即强调"研究者通过倾听、记录故事,做一些开放、生动、充满创造性的访谈"①,再将访谈资料进行整理后,深度描述解释出来。

但是,研究者在进行访谈时,往往不可能仅仅充当单纯简单的"研究工具"。也因此,采用"质的研究"方法时,面临的不可回避的问题接踵而来,即研究者的价值观对研究课题的影响,以及随之带来的研究效度问题。

研究者的价值观对于整个研究的影响主要包括两个方面:首先研究者的个人身份、价值观念和个人倾向主导了整个研究过程,其次在研究的第二步,当研究者需要将研究内容转换为成果展示出来时,研究者的价值观甚至写作手法再一次地影响或者左右了文本。

硬币的另一面是,我们不可能仅仅因为有可能产生的"失真"就否定"质的研究"方法。因为"质的研究"方法其真正的旨趣并不在于告知(tell),而在于展示(show),或者表演(performance)。②

在今天的社会科学中,除去单纯量化的研究统计,不可能"找到上帝的眼光",从而保证某种研究方法的绝对中立和毋庸置疑。尤其是从一种文化视野进入"他者"的文化视野和日常生活中时,研究者不可能完全做到物我两忘的境界,判断在所难免。也因此文化人类学者又提出了关于实地研究调查中的两种取向:etic approach 和 emic approach,也就是文化客位研究和文化主位研究。文化客位研究指的是从外在文化观察者的观点理解被观察者的文化,后者则指"研究者真正进入你所要研究的这个过程中去,成为这个过程中的一

---

① [美] 诺曼·K. 邓金:《解释性交往行动主义:个人经历的叙事、倾听与理解》,周勇译,重庆大学出版社 2004 年版,第 31 页。
② [美] 诺曼·K. 邓金:《解释性交往行动主义:个人经历的叙事、倾听与理解》,周勇译,重庆大学出版社 2004 年版,第 3 页。

部分"①。文化主位研究越来越受到现代文化人类学的重视，因为研究者可以克服仅从自我文化本位出发而造成的理解偏差，从而更为详细地描述文化现象的细节。

也就是说，文化主位研究强调从单一文化内部研究团体成员的行为以及他们自己对行为的解释，而文化客位则是从文化系统外部（往往是研究者个人的文化角度）对泛文化现象进行研究。对于我而言，文化客位与文化主位的研究思维，事实上是密不可分的。在真正进入研究之前，我所学到以及了解到的跨文化知识及背景从某种程度而言已经塑造了"我"，或者说"塑造"了我对这样一群外来者的一个粗略的、模糊的印象，即生活在我们周围却很少与我们生活有真正交集的一群"小众分子""边缘人"。我的生活交际和生活习惯鲜有机会将我放置到这样一群人身边，如果不是访谈，我可能和他们永远都只是擦肩而过的"陌生人"。

而当我真正进入访谈中后，我那从"文化客位"向"文化主位"的思维转换是一个逐渐转变，或者说到今天为止还在持续转变的过程。当我逐渐从一个接一个令人拘谨不安，甚至语言不通、尴尬频频的蹩脚访谈中解脱出来，到逐渐释然的肢体语言、放弃令他们感觉突兀和不自然的录音设备，再到真正和他们建立友谊和信任，聆听他们的故事，帮助他们解决实际问题。我知道，我正一步步接近自己调查研究的目标，甚至收获到比调查研究更为宝贵的东西——友谊。

正是这样一个调查研究过程，使我深刻体会到了马林诺夫斯基对于民族志研究所提出的规范中，最后也是最重要的一条：先用本土的观点参与体验，即先从"文化持有者的内部视野"去看待文化，但最终要达成对对象的客观认识。② 这一种研究态度使我感受到了"质的研究方法"的真正乐趣——亲历性与内在性的完美结合。

如果说，访谈观察的过程是一个无限收获、应接不暇的过程，那

---

① 郭建斌主编：《文化适应与传播》，云南大学出版社2007年版，第9页。
② ［美］卢克·拉斯特：《人类学的邀请》，王媛等译，北京大学出版社2008年版，第107页。马氏的"民族志"是把田野作业、理论和民族志三者相结合，从而体现其功能主义人类学的。三条规范分别为：其一，选择特定的社区；其二，进行至少一年的现场调查；其三，先用本土的观点参与体验，即先从"文化持有者的内部视野"去看待文化，但最终要达成对对象的客观认识。

么将资料收集整理，并真正以一个完整丰润，足够清晰的文本表达出来，对我而言，则真是一个痛苦和煎熬的过程。大量感性或者零散的资料应该用怎样一种体系和表达手法来呈现？潘教授说过："从分析资料和写作的角度来讲，一个民族志的研究者跟一个小说家没有什么区别，都是从事现象的行动。根本的区别在于：对民族志研究者来讲，文化是活生生的在那里。"①

也许一个研究者对于自己已经建构的价值观无从选择，然而当他（她）进入写作状态时，其实是有一次机会进行选择的。这个选择就是怎样阐释所见所闻的一手资料。正如韦伯所言，社会"事实"（fact）不能凭借"让事实本身来说话"这种方法而被人理解，社会事实并非像"事物"（thing）那样凭自身的权力而存在，宛如海滩上的卵石那样等待着被人来捡拾。什么东西算作是社会现实，这在很大程度上取决于我们用来打量世界的精神眼睛。② 也因此，面对众多"质的研究"的写作方法，我又一次感到了迷惘，我不知道该用哪一种方法来构建文本，从而使其更完整地反映"他们"在这里的有关人际交往的真实境遇，以及"他们"对于交流，尤其是对于"跨文化"交流的理解和解释，同时也能把我对整个访谈的一些理论性的思路、看法，甚至这一场涉及自我的跨文化交流与体验也展现出来，从而达到一定意义上的跨文化交流与理解。

于是在访谈完成后的一个多月时间里，我再次阅读了多本有关民族志写作方面的著作，期望从那些诸如现实主义写作、忏悔故事写作、印象故事写作、现代民族志写作等的写作风格中，找到一条通道，从而达到一定程度上对课题的"深描"。然而，我最终放弃了尝试借鉴写作风格的企图。原因在于，我发现一个人的写作方式，其实已经在他/她长久的书写过程中锻炼成了一种习惯，如果非要硬生生地刻意去改变，去模仿，结果往往适得其反。所以，我把写作的目的集中在了两方面：其一，如何展现我所发现的事实；其二，如何展现"他们"对事实的理解。

---

① 郭建斌主编：《文化适应与传播》，云南大学出版社2007年版，第11页。
② 陈向明：《质的研究方法与社会科学研究》，教育科学出版社2006年版，第117页。

当有了这样明确的书写目的之后，文章的架构安排也就显得相对容易了。我将正文部分划分为两大部分：一是"他们的故事"，二是"'我'的故事"。

第一部分"他们的故事"，我希望通过以一种"局外人"的视角来记述他们在昆明的人际交往的情状。事实上，在我的整个访谈交流过程中，时时会感到一种"距离感"，这种距离感最初来源于语言。但也正是由于这样一种"距离感"使我得以找到合适的、恰当的、相对隐藏自己的位置更加细致地观察"他们"之间的交流。这种在某些时刻令人不舒服的"局外人"视角却使我对于一些在"他们"看来稀疏平常，理所当然的事情产生强烈的好奇感和兴趣，也使我更清楚地看到一些当局者无法发现或者难以意识到的现象和问题。而当我将这些问题提出来时，往往也能带动他们对自己文化或者一些问题的理解，这些发现对整个研究而言无疑是最宝贵的，最需要揭示的，也最能展示他们在昆明、在东方文化中交往的整体状况。

接下来在"'我'的故事"这个章节中，我将以第一人称的方式叙述"我"以及我认识的一些中国人在跨文化交往过程中一些经历和体验。这些经历的展示，并非写作的噱头，或者可有可无的部分。"我"在这一部分中，事实上是参与到跨文化交流中的一个第一体验者，"我"的个体身份注定了我的经历会有一定的代表性，也能够投射出来"他者"对"我们"的一些态度。因而在表明个人身份及倾向后的"我"的叙述，自然也就具有令人信服及参考研究的价值了。这一种作为亲历者，或者说"局内人"的身份叙述，是我从一种容易"共情"的女性视角来书写的，也从另一方面增加了文章的可读性。

从一个更为开阔和全面的视野来看，本书的叙述都是围绕着真实地展示以及表现展开。正如格尔茨所忧虑的，我们不能因为在某些问题上不能达到绝对的客观，就因此可以毫无顾忌地放纵情感。因此我采取一种审慎的态度，企望在"质的研究"方法的整个研究以及论文撰写中，采取一种可以平衡的方式，使我所了解的一切得以以其相对本真的面目复原，也使得阅读我论文的读者在阅读的过程中，能够伴随着我一起从跨文化的尝试性了解，到达真实的文化理解。

二　有关研究者及研究对象

由于在整个"质的研究"过程中，研究者个人因素对整个调查研究有主导性的作用，因此在论文的开篇部分有必要澄清这些有可能造成影响的个人因素。根据陈向明博士的介绍，研究者对研究可能造成影响的个人因素主要可分为两个部分：（1）研究者的个人身份；（2）研究者的个人倾向。[①]

研究者的个人身份中可能造成影响的元素包括性别、年龄、社会地位、受教育程度、性格特点以及形象整饰等。而从我访谈的体验过程来看，我作为女性的身份，对我的整个研究而言，在某种程度上是被强调了，也在我的无意识中给研究形成了一种导向。这种导向便是——相对于受邀访谈的女性，男性更乐意接受，也更配合我的访谈。这一点在访谈初期，一度让我有"两种待遇"的感受，也有过短暂的困惑。直至后来，看到陈博士的书中有这样的文字，我的疑虑才得以消除。她说："有研究表明，在实际操作中女性一般比男性更加适合做个人访谈。"同时，"我们也应该承认在研究关系中确实存在性吸引这一现象"[②]。这种性别吸引来源于异性之间天然的人性情感，它让我在访谈异性外国人的过程中，无形之中打开了一扇"方便之门"。

个人身份的另一个影响因素，来源于我本科时期外语专业的背景。一方面我较容易地从大学同学那里结识到了潜在的访谈对象；另一方面英语支撑了我的整个访谈及观察研究过程，同时学习外语的背景和之前对跨文化交流知识的积累，使我得以一种相对开放的视野，去观察一些假如从中国传统意义上来看会令人感到难以接受的事件和案例。这一切促使了整个研究的可操作性。

而有关研究者的个人倾向对研究的影响，我想提出来谈的是研究者个人的"角色意识"对于整个访谈的影响。在整个访谈观察过程中，

[①] 陈向明著：《质的研究方法与社会科学研究》，教育科学出版社2006年版，第117页。

[②] 陈向明著：《质的研究方法与社会科学研究》，教育科学出版社2006年版，第119、121页。

我始终将自我的角色定位为"学习者",这与我喜欢倾听别人故事的个性、对未知事物有着强烈的好奇心有关。因此,我给予了别人更多开口表达的机会,也给予了自己更多聆听分析的机会。在放弃使用让人感到不自然的"录音设备"的时刻,我还是没有放弃手中的小小笔记本,将谈话或者观察中可能会遇到的一些有意义的关键词记录下来,或者一些有关语言及生活现象的词语记录下来。那种虚心的学习姿态,显然打动了受访者,他们也都愿意真正坐下来向我倾诉一些有可能他们忽略掉的话题,这样的交谈对他们自身而言,也是有趣的。

在选择研究对象这一问题上,的确是费了一些周章的。早在开题时,我便将访谈对象设定为"欧美裔白种人"。这样一个研究对象的预先设定出于以下几方面的考虑。

第一,大都能熟练使用英语,在跨文化人际交往的过程中,有可能遇到类似的沟通障碍和实际问题。

第二,大都有欧洲传统的文化心理背景,在全球化互动过程中享有主流文化地位。

第三,在美国学者爱德华·T.霍尔提出的传播系统的语境中,"他们"都处于弱语境一端,和处于强语境体系内的中国文化相对,便于研究的归纳和总结。[1]

第四,有相近的宗教信仰(大都信仰基督教或天主教),价值观念,处于相似的社会环境中,即认同个体主义(individualism)。这和崇尚集体主义(collectivism)的中华文化有较大的可比性。[2]

应该说,当时这样的考虑,更多的是为了将同为亚洲地区的其他国家的外国人(比如韩国、日本、越南等国家的外来者)排除于研

---

[1] 爱德华·T.霍尔认为在交流中存在强语境(HC)和弱语境(LC),在强语境传播过程中,多数信息要么直接处于物理语境中,要么内化于人体之中,而很少进入被编码的、明晰的传输过程。而弱语境传播中,情况却相反,大部分信息被包裹在明晰的编码中。他还认为美国及大部分欧洲国家都是处于弱语境的一端,而中国拥有伟大而复杂的文化,却处于强语境的一端。[美]拉里·A.萨默瓦、理查德·E.波特主编:《文化模式与传播方式——跨文化交流集》,麻争旗等译,北京广播学院出版社2003年版,第47页。

[2] 关于个体主义与集体主义的划分首先是由西方人提出的,中国人一般被认为是处于一种"集体主义"的文化氛围中。这种划分在我看来,显然是一种从"文化客位"出发的观点,但这也成了我在论文开题时,筛选访谈对象的"标准之一"。

究范围之外。因为来自这些国家的外国人本身文化和中国文化都从属于东方文化，因而有一定的相似性，这样匆忙地将其与从属于其他文化圈的外国人连在一起，不论对于我的调查还是整个研究而言，都是不科学、不切实际的。因而我将观察点有意识地缩小了。可是到了真正访谈过程中，还是会遇到一些问题，比如访谈中有同属于美洲的墨西哥人，有民族认同感更强，但思维方式也足够西化的以色列女孩，有非白裔的美国人。我于是仅能从他们所属的相似的文化氛围，以及同样不可否认的"外来者"的身份来进行研究。因为即使同属于"欧美裔白种人"这样一个身份设定范围内的两个人，由于国籍和自己个性的原因，相互间也存在着差异。

  一开始，我通过做翻译和朋友介绍，认识了从墨西哥到昆明，由于商务关系，进行短暂停留的单亲母亲 Dianna，和在某二级学院做外教工作的美国男人 Tiger，前者由于工作的原因，使我有机会与之朝夕相处了3天，从一个隐蔽的角度，了解了一些这些初来乍到者对中国、对中国人的看法和态度。而 Tiger，我们仅有过一次访谈交流的机会。这也是我论文的第一位调查对象。但是由于经验、语言、问题设计等原因，这只能算作一次浅尝辄止的对话，使我得以大致了解了部分外国人在昆明的一些生活状态，是一次或多或少让我感到震惊和挫败感的访谈。震惊来源于他所描绘的一切对我而言，是足够陌生的，而挫败感则是源于语言交流的障碍。这是一个在中国大陆及台湾地区生活过16年，却不会一句中文的美国人，而我长久以来由于害羞的缘故，对英语一直处于一种"半哑"状态。这使我无法有意识地引导话题的走向，无法使谈论话题朝我的研究论题上靠。

  但是这前两次的访谈却是我积累访谈经验的一个平台。在 Tiger 之后，我得以从大学同窗李蓓那里认识了对我的整个论文来说，最关键的一个研究对象——Matt Schiavenza。Matt 来自美国，本科学习的是国际关系学专业，他的专业化背景使得他在很多问题上能够从相对高的层次上给予我回答和帮助。而 Matt 在中国已经有将近四年了，有一定的汉语基础，通过若干次的交流后，加上朋友李蓓的帮助，我们之间的交流基本上就没有问题了。又通过 Matt，我得以受邀参加一些他们的聚会，从而认识了其他几位被访谈对象。这其中有新西兰夫妇 Philip 和 Sachi，他们在昆明生活已有六七年的历史，开有一家空手道馆，一起从一贫如洗慢慢起家，彼此依赖又相对独立，是我访谈过程中难得见到的一对外国伉俪；澳大利亚人 Walter，25 岁，2007 年 11 月刚从景洪迁回昆明，与中国妻子离婚半年左右，现正在昆明筹备开办自己的咨询网站；美国人乔伊斯，2001 年通过交换生计划来昆明学习汉语，成为同行几位学生间中文水平最高的一位，曾长期从事翻译工作，现为云南某著名普洱茶公司的驻京代表，往返于北京和昆明两地；Matti，芬兰人，艺术工作者，34 岁左右，在中国生活已有 10 年，曾在昆明最出名的一家酒吧 Hump（驼峰）工作多年，经历其最初创立和经营火爆的整个过程，现为自由职业者，有一个英文水平为零的 22 岁年轻中国女友；John，63 岁，美国人，拥有香港大学人类学博士学位，现独居昆明，具有丰富的中国历史文化知识；Lior，女性，24 岁，以色列人，到昆明进行短暂的半年语言学习，很快就要返回在耶路撒冷的男友身边，因为同在一个语言学校学习汉语，得以同 Matt 结识，成为朋友。

Matt 于我的研究而言，是一块敲门砖，或者说是一个导体，通过他，我进入了他在昆明所从属的这样一个圈子内部，我把他们的"圈子"用英文称作 a group（一个群体），而他给了我一个更为确切的词组——an expatriate community/expat community（一个专属于外来者的社区）。借助这块石头落入水中激起的一圈圈水波，我得以大致了解，这一个外来者生活的圈局。①

与此同时，我也得到机会访谈了 Matt 圈子以外的 4 个外国人，除了先前提到的墨西哥人 Dianna、美国人 Tiger 之外，还有从青岛迁至昆明定居的法国人 Lvdovic（中文名：绿豆）和从上海来昆明短暂旅游的加拿大人 Merritt，后两位受访者都有在中国其他大城市长期生活的丰富经历（四年以上），通过了解他们对不同城市的评价，与不

---

① 关于论文中不时提到的"圈子"和"群体"，我是这样理解的：首先"群体"是一个相对大一些的概念，有英文"community"之意，在论文中指代的是相对当地人而言，一个外来者的社群，而"圈子"是指在这个外来者社群中关系相对紧密，有密切交往的一群人，有时也包括与之有较深关系的中国人，等同于我使用的另一词"小群体"。圈子和小群体都是一个较小范围内部的交流形式，具有一定的私下性质。

同地方中国人相处的经历和感受以及在各自圈子里的生存状况，我得以观察和总结到在昆明常住的这一群外国人，其人际交往、群体建立的一些特别之处。

在寻找访谈对象的过程中，我发现了一个有意思的现象。就是我的访谈对象中，男性多于女性。仅在这 10 位接受过正式访谈的受访者中，女性受访者与男性受访者的比例为 3 : 7。我一度为这种"不平衡"的访谈伤透脑筋，后来终于找到症结。

第一是由于在昆明的"老外"人口中，男女比例失衡。例如以昆明市盘龙区云波派出所 2008 年 3 月份的常住外籍人口登记数据为例，总的登记人口数为 338 人，其中男性占 203 人，女性占 135 人（以美国来看，男性有 32 人，女性 19 人；新西兰男性为 1 人，女性没有登记；澳大利亚男性为 3 人，女性仅为 1 人）。这一现象也得到了受访者的承认。比如当我问来自新西兰的空手道教练 Philip 是否注意到这个现象时，他完全同意我的观察。我又进一步问他，假如你和 Sachi（他的妻子）没有结婚的话，你觉得她会独自一人来到这样一个陌生的国家和城市吗？他说："肯定不会。"具体原因他说不清楚，只是凭他对 Sachi 的了解，他知道她不会。末了他补充一句："因为一个女人在这样的地方生活太过辛苦。"

第二个原因是由于我女性采访者的身份。这使我更容易地接触到男性受访者，而他们对于我的访谈，也大都表露出了兴趣和配合的姿态。而到了女性外国人这里，事情进展就没那么顺利了。Matt 和 Walter 曾帮我联系过 6 位女性外国人，一个在我几次打电话过去联系访谈时间时，都没接听电话，一个是对方记下我的号码后，不愿或者忘记联络我，另外 3 位由于不在昆明或者忙不过来，拒绝了访谈，最后，这些女性中我只访谈到 Lior 一个。我通过在东方语言学校（昆明最大一家汉语语言学校）的朋友联系到的一名受访者，也在打电话时答复我说，她只接受邮件形式的访谈，而面对面的访谈，即便是一个小时，她也不能抽出空来。

这两方面的原因使我的访谈只能依照现有线索进行下去，这也是访谈中的另一个发现，而关于这些情况的具体叙述，论文中还会有更进一步的叙述。此外，在访谈过程中，我还得以观察、聆听到一些其他外国人的故事，也访谈到一些和"老外"有深入交往的中国人，这些人物的经历也将在论文中得以展示。

三　有关人际关系及交往的理论

中国古代的墨子曾有过"兼相爱，交相利"的言说，这应该是对人际交往的开始及人际关系的维系的一种描述。无独有偶，国外学者也提出过关于人际交往的互惠原则（reciprocity）①，他们认为人际交往其根本性就在于双方一种给予、接受、回报的互惠关系，这种人际交往给人一种公平感。

那么究竟应该怎样来定义人际关系呢？

参照社会心理学的定义，人际关系就是"个体与他人之间的心理距离和行为倾向"。人际关系从属于"人们在共同的物质和精神活动过程中所结成的总的相互关系"——社会关系的一种，但它又一定程度上超脱于社会关系。②也就是说，人际关系在其选择开始的最初阶段，是以直接的情绪色彩为特征的。虽然人际关系从其本质而言，包含三个成分：其一是认知成分，也称作理性成分；其二是情感成分；其三是行为成分。但情感成分是人际关系的评价，是双方在情感上的满意程度和亲疏关系，也是人际关系的基础。因此，人际关系实际上是人类个体一个社会化的过程，是个体透过他者认识自我、发展自我的方式，也是个体避免被排斥和产生孤立无援感觉的唯一方式，其更多是建立在情感交流的基础之上。

而人际交往或者说人际传播（interpersonal communication）则是人际关系得以建立和维系的动态过程。它"与人俱来"，每个人都生活在各种各样现实的网络中。施拉姆说过：我们是传播的动物，传播渗透到我们所做的一切事情中。传播是一种自然而然的、必需的、无

---

① 互惠（reciprocity），这一概念由德国学者图恩瓦（Thurnwald）首先提出，指的是建立在给予、接受、回报这三重义务基础上的，两集团之间、两个人或个人与集团之间的相互回报的关系，其特征不是借助于现代社会中的金钱作为交换媒介。他称这种"给予—回报"的互惠原则为人类公平感的基础。随后莫斯、马林诺夫斯基、列斯-斯特劳斯等人类学学者对此也有过深入研究，详见［美］卢克·拉斯特《人类学的邀请》，王媛等译，北京大学出版社2008年版，第144页。

② 郑全全、俞国良：《人际关系心理学》，人民教育出版社1999年版，第13页。

处不在的活动。我们建立传播关系正是因为我们要同环境——特别是我们周围的人类环境相联系。①

　　人际交往满足了人们实现自我认知、建立和谐关系、认识与控制环境、交流人生经验，实现信息沟通以及情感交流方面的需要。这好比聚在一起打牌、搓麻将的中国人和在酒吧里或者在私人聚会上喝酒谈天的西方人，其交往的形式也许五花八门，但最终的目的和最终感受都是一样的。只是，这些交往形式，或说交往习惯方式的不同，也导致了当双方需要跨文化交流和交往时，一些不可避免的问题和障碍也就孕育而生。这些交往的障碍产生于彼此之间不同的文化、心理背景、价值取向以及个体因素。

　　当这些外来者来到中国时，他们与之交往的人群大致可以粗略地分为两类：一类是与之有着相同"外来者"身份的人群；另一类则是生活在当地的中国人。而根据人际关系交往的亲疏状态及其相互作用的水平图如表1-1所示。

表1-1　　　　　　　　人际关系状态及相互作用水平表

图解	人际关系状态	相互作用水平
○　○	零接触	弱
○→○ ○↔○	单向注意 双向注意	
◐◑	表层接触	
◐◑	轻度卷入	
◐◑	中度卷入	
◐	深度卷入	强

资料来源：莱文格和斯诺克（G. Levinger & Snoek, 1972），《人际关系心理学》，人民教育出版社1999年版。

---

① 薛可、余明阳主编：《人际传播学》，同济大学出版社2007年版，第8页。

我将他们在昆明建立的人际交往分为三类，具体如下。

第一类可称为"需要性人际交往"，即不带有过多情感投入，却因为工作、生活等现实原因而进行的人际交往。这些人际交往多发生在外来者与当地人之间，比如一个外来者与他的钟点工之间的交流，与物管保安、店员等，这样一个并不固定人群（大多数是当地中国人），但随时可能发生的交往。这种交往倘若放置于统一群体内部来探讨的话，就过于稀疏平常了。但由于他们被放大的外来者的身份（例如一个金发碧眼、身材高大的男老外突然到一家诊所打针，其受到的关注度不难想象），这一整个不可避免的交往过程和天然的接近性（proximity），成了不同文化的人彼此了解、产生最初印象的一个窗口。而这个交往的过程也是双方最容易产生成见和偏见的源头。比如一个外来者很容易就从本民族的文化模式出发，而仅仅通过物管人员贴在单元楼下面的一张自家电费的账单，而匆匆得出结论：中国人不尊重人的隐私权。因为在西方文化看来，诸如电费这样的账单，是很私人的信息，而这些信息一旦未经当事人允许被公开，就会遭致别人（看到账单的邻居）的各种判断和揣测：比如他为什么用了这么多电，电用去了什么地方，等等。这些判断和揣测在他们看来是令人不舒服的、非善意的，也因此他们得到了"中国人不尊重人的隐私权"这样的判断。

第二类人际交往可称为"必要性人际交往"，他们将这样的交往对象称为"social friends"，等同于中文的"泛泛之交""点头之交"之意。这样的交往对象有可能是工作伙伴，也有可能是"朋友的朋友"，或者经常在一家酒吧碰到的人，等等。"必要性人际交往"的对象相对固定，他们彼此认识，或多或少会有一些交往。又因为接触面的关系，他们要么是这些外来者共同工作中的中国人，要么是常碰到的别国人。他们互相之间有一定的了解，但关系不深入，这样的交往对象有进一步成为亲密朋友的可能性，也有可能永远徘徊在不远不近的距离之外。而决定这种关系是否会有进一步的深入，就需要那些叫作个人特质或者个性魅力的催化剂，又或者一些能够让双方关系有更深一步可能性的事件作为导火线。

第三类"亲密性人际交往"，在人际关系研究和社会心理学研究中占有重要位置的研究部分，又被称为亲密关系研究（intimate relationship research）。亲密关系的建立，按照心理学家的研究，是源于人类的归属需要（need to belong）。正是这种渴望归属于某一类群体的需要，促使我们与人建立"了解、关心、信赖、互动、信任和承诺"的关系。[①] 而对于这些外来者而言，远离熟悉生长的故土，远离已经存在的亲属关系和原有群体，来到一个所有一切都不确定的地域，在能够享有刺激的冒险和新奇感的同时，更需要建立一种亲密的关系，这种与他人靠近和亲近的感觉，是他们能够继续长期在此地生活下去的理由。而亲密关系包括两方面：一方面来自朋友之爱，也就是友情，另一方面是异性之爱，即爱情。渴望与人建立亲密关系是全人类共通的情感，尤其是对于这些外来者来说，更有着特殊的意义。这种关系也因此会发生一些变化，这些相似及差异是论文下一部分重点探讨的部分。

对于大多数在昆明的"老外"而言，工作赚钱不是主要的目的。他们中的很大一部分人都是来此地旅居或学习的。因此如何更广泛地享受生活，享受自由才是其本意，也因此他们在这里的人际交往也就少了很多功利的色彩。对于他们而言，首当其冲的是如何更快地融入那个在当地由来来往往的外国人，业已形成的专属于他们的小圈子。另一方面，如何看待和处理与中国人的跨文化交际问题，也是他们前往中国，必然要经历的人生一页。

第三节 "他们"的故事

交流是和解，是爱，它将分开的东西拼起来；交流亦是一面放大镜，它把可能微小的差异无限扩大。那么人与人，心与心之间的这条沟壑，到底该如何跨越？

---

① ［美］莎伦·布雷姆等：《亲密关系》（第3版），郭辉、肖斌译，人民邮电出版社2005年版，第4页。

一 那些被仪式化了的人际传播

调查日志1

节庆（中景）

2007年11月29日，一个周五，美国人的感恩节，这一天倘若是在美国，飞机票会全线上涨，并销售一空，是真正与家人团聚的重要时刻。可是在千里之外的中国昆明，虽然仅有一个美国人Matt，其他几个人（Philip夫妇、澳大利亚人Walter、中国人李蓓等），还是合拍地伴着他一起来到"昆都"一家日式烧烤店一起用餐。这其间自然少不了关于感恩节来历以及庆祝方式的介绍，这个在美国举国同庆的欢聚佳节，还是没能让在座的其他人有太多节日的感觉。饭后，当所有人打算一如往常地"AA制"时，Walter掏出了钱包说："这一顿我请客。"这让第一次与他见面的两名中国人（李蓓和我）多少有点讶异，Matt阻止我们继续掏钱包的动作。之后，大家又齐齐借着感恩节的名目，前往一家名为Box（老夫子）的酒吧，继续喝酒聊天。Matt说了一句："走吧，Box就是我们的家。"

节庆（特写）

2007年，12月25日中午，受Philip夫妇的邀请，我同他们一起到一家星级酒店享用自助午餐，参加圣诞节的Santa Secret gift party，翻译成中文就是"秘密圣诞礼物宴会"。其实就是愿意参加宴会的人经由主办者（Philip夫妇）的安排，为同参加宴会的某一个人准备礼物。每个人都知道自己要送给谁礼物，但却不知道谁会送给自己礼物。这个有趣的倡议得到了所有人的响应，后来得知，这已是他们在昆明第三四次的过节方式了。

到达酒店自助餐厅时，已经感受到了由"强大人马"带来的节日气氛。拼凑起来的长桌坐满了人，陆续来了Zack（Matt的室友，美国人）和他从美国赶来过节的女友Lora、Walter、John、Erik（加拿大人，在昆明开公司）和他年轻漂亮的中国女友、Chay（澳大利亚人，在昆明有固定的旅行接待工作）、另一个Matt（来自澳大利亚）、Charley（英国人，具体职业不太清楚），以及另外两个叫不出名字的外国人。

不停地有人起身挑选食物和饮料然后坐下，Walter非常想吃奶酪，因为在澳大利亚，这一天他们都要吃很好的奶酪，如同我们过中秋节不能没有月饼一样。可是餐厅里没有准备奶酪，他叫来服务员，不一会儿的工夫，服务员端来一个小盘子，上面装满了乳白色的奶酪，切成丁状，拿起一块放进嘴里，味道不敢恭维，在座的人都说不怎么好，但还是很快吃光了。

来参加这个圣诞聚会的人之中，有一些彼此已是很多年的好朋友，比如Philip夫妇、Walter、Erik和John，他们平时也经常见面（一周至少一次至二次），节日对他们而言，不过是一个"相聚的名义"。

他们边吃边聊天，气氛很热烈。John有渊博的历史人文知识（20世纪70年代时他就到过中国台湾，后来又在港大拿到人类学博士学位，改革开放后来到内地，同时又有游历东南亚诸国和欧洲一些国家的经历），他在跟附近的几个人谈论着第二次世界大战时期，飞虎队来到中国的一些历史，刚从美国来到昆明的Lora显得异常兴奋，对她而言，每一件事都显得如此"amazing"（美好和令人激动）。

席间Walter高举自己的手机，大声地问在座的人，谁需要打国际长途。他将自己的手机同某网络电话运营商的服务器连接，因此长途电话非常便宜（大概是每分钟市话费+5毛的服务器占用费），所以他愿意将手机借给那些想同家人通话问候的人。于是，有几个人响应了他，拿着手机踱到大厅一角。

Walter本人给远在澳大利亚的家人打完电话回来，对旁边的人说起自己的一个女性朋友，刚满21岁，前几天由于癌症（淋巴癌或者胰腺癌）去世了。这个消息引起了众人的一阵唏嘘，虽然其他人都不认识那女孩，但一种伤感和遗憾，还是写在了众人的表情上。于是话题迁移到了疾病和宿命上。

用餐快结束时，发起者Philip走向摆放礼物的地方，开始分发礼物。因为之前约好礼物的价格不要超过50元，所以礼物大多以植物、书籍、小用品为主。包装都很简陋，都是自己动手完成的。因为"重要的不是包装，而是包装里面的东西和心意"。这是他们反复强调的观念。所有的人都在欣赏着自己的礼物，互道感谢和祝福。

随后，大家照例排队在收银台各自结账，这不失为一种干净明了的相处方式。

节目并没有结束，Philip 夫妇邀请大家继续到家里坐一坐。于是所有的人冲进附近的沃尔玛超市，购买酒饮。这时 Sachi 走过来，体贴地对我说，因为她觉得我不喝酒，所以我可以不必花钱买。中间还有一个小细节，Sachi 碰到一个相熟的黑人（来自欧洲某国），我在旁边看到她和他聊了大约3分钟，但最后并未邀请他去参加接下来的宴会。

Philip 家在西昌路上（他们租住了某家琴行二楼约400平方米的空间，作为空手道训练的道场和居住地），家什很少，家具很旧，我的头脑里冒出"清贫"这个形容词来。可是所有人都自然地找到舒服的地方坐下，不停地喝着廉价的红酒、洋酒或者勾兑的鸡尾酒，抽一种叫"中南海"牌子的香烟（这种烟，几乎是我访谈的每一个人放在手边的烟）。他们就这样在香烟和酒精的陪伴下，三三两两一直缓慢地聊下去。其间 Matti 和他从芬兰来昆明过节的父母也叩开了 Philip 家的门。Matti 的中国女友乔乔并没有出现，而 Erik 的中国女友小雨也在午餐后，退出了这场外国人的聚会。

聚会之一瞥

说到聚会，我又想到了两次聚会，第一次是11月的一个周五，Matt 的荷兰朋友 Susan 和她的丈夫搬家，举办的"home warming party"（类似于我们的"乔迁请客"）。Matt 便答应带上我去感受一下。我看到那张打印的邀请函上写着：

Tip-lap：We are the kings in Kunming

Topic：black & white

Time：9：00 pm—8：00 am

（翻译）晚会暗号：我们才是昆明的国王

主题：黑白装

晚会时间：晚上9点—第二天早上8点

在去之前，我忽然有点惶恐，问将要去的一群人，是否必须得待到第二天早上呢？所有的人都莞尔，一个叫 George 的美国人带着几分幽默地"恐吓"我，是的，每个去参加晚会的人都得待到第二天早上8点，谁要想先走，就会被用手铐铐住……

去的时候已经将近11点，在江滨西路的某个单位居民大院里，远远地就听到音乐声和说话声。敲门进去之后，发现一间20平方米左右的客厅加阳台又被塞满了人，所有的人都身着黑色或白色的服装，以应这一以黑白为主题的晚会。可是，我觉得晚会真正的主题，还是——酒精。源源不断的酒水伴随着少量的薯片和牛肉丸子，摆放在桌上。只有少部分人可以找到座位，更多人都随意地站着，继续着无止境的聊天。

晚会上的大多数来客都与Matt相熟，这一点上他最大限度地继承和发扬了美国人"熔炉式"的兼容并包精神，所以在人群中总能成为那个如鱼得水的交际家。这一次晚会几乎包含了在昆明的所有荷兰人（10个左右）、几个意大利人、美国人、华裔加拿大人，除了来"实地研究"的我和李蓓，再没有一个中国人的影子，也没有见到其他亚洲国家的人。

晚会继续进行，酒精让参与者更加地放松，女性穿着性感的服装，人照例是越来越多，每个人谈话的对象都不固定，无怪乎经过排列组合，可以计算出他们真的就可以这样聊到第二天早上8点。

聚会之二瞥

第二次聚会，是Matt要离开昆明回美国过圣诞节的前一天。他再一次体现了作为"昆明最好Matt"的影响力（在昆明的老外中叫Matt的就有七八个之多，Matt喜欢称自己是其中最棒的一个）。所有在昆明认识他的老外都集聚起来和他共用晚餐，或者参加了在一家叫Chapter One的酒吧里举行的"欢送会"。这让他的中国朋友李蓓感到一些夸张："又不是不回来，怎么这么隆重。"而也许，这仅仅是他们寻找到一个相聚狂欢从而交流的方式吧。所以晚会一如既往地被音乐、聊天和随意的舞姿包裹着。热闹的、仿佛永无忧虑的气氛和室外寒冷的空气、稀少的人群形成鲜明对比，那一刻我多少对那句"We are the kings in Kunming"（我们才是昆明的国王）有了更深的感触。

分析

詹姆斯·凯瑞将传播的定义分为两大类：传播的传递观（a transmission view of communication）和传播的仪式观（a ritual view of communication）。传播的传递观是普遍被了解和默认的一种观念，即传播的目的：传授（imparting）/发送（sending）/传送（transmitting）或者把信息传给他人。"传递观"蕴含着源于空间地理及运输传送两方面的隐喻。

而传播的仪式观从字面意思便可联想到与宗教、祭祀的联系，它并非直指讯息在空中的扩散，而是指在时间上对一个社会的维系；不是指分享信息的行为，而是共享信仰的表征（representation）。

世俗社会的你来我往，很多方面又恰恰淋漓尽致地体现了传播的一种仪式感。

比如在文章综述部分，我提到的那个中国人在休闲时刻搓麻将、打牌的情景。这样一种休闲的方式事实上是在中国被普遍认可了的人情往来，沟通联系的方式。三四个人聚在一起，很多时候不是为了赢钱（赌博除外），而是为了获得一种与他人相融的共同乐趣。我们可以轻而易举地理解一群中国朋友花一整天在一起打麻将，却很难想象一群外国人聚在一起，以酒为伴，畅饮聊天直至通宵达旦。其实这二者的根本性一样，都是获得与人交流和相处的机会。

当我们承认了这些外在交流的不同形式其根本目的都是交流，而由于传播本身所具有的"仪式化"的特质，人际传播，剔除其纷繁的传播之间到达的信息交流的一个为人共知的功能之外，我们其实可以来探究不同情态之下的人际传播是以一种怎样的仪式化形式来完成的，或者说它是怎样被仪式化了的，而这些被仪式化的人际传播，对于参与传播的当事人有着什么样的意义。

首先，必须要明确的是"什么是仪式？"

布拉德福特·J. 霍尔对于仪式的定义是："一种结构性的行为序列，通过这一序列的正确表演，表达的是对某一神圣客体的朝拜。"[1] 而在解释这一定义之时，布拉德福特将有可能造成的对"仪式"的误解归结如下：

第一，仪式就是重复同一件事；

第二，仪式是过时的、虚伪的、无意义的；

第三，仪式是为特殊场合所保留的东西（这里的特殊场合主要

---

[1] [美] 布拉德福特·J. 霍尔：《跨越文化障碍——交流的挑战》，麻争旗等译，北京广播学院出版社 2003 年版，第 62 页。

是指宗教机构或秘密组织）；

第四，仪式是比较落后的人所从事的行为。①

在消除对仪式的几种可能性的错误印象之后，我们了解到仪式其实渗透到日常生活里。而对于这群外来者而言，通过人际交往建构的仪式感，就显得更为重要了。它们不仅只是一种共享信仰的表征，更为重要的是仪式本身可以让人产生归属感。换句话说，当周遭所有一切都变得和原有文化不同之后，他们没办法感受到中国文化中一些特有节日带来的文化氛围，而本文化中，无论是传统节庆还是一些别的东西的重要性也就因此而被凸显了，整个人类都需要于变化和不确定中，寻找到一种稳定和确定，这可以归结为自我文化的认同感。

对于他们的人际交往而言，其仪式化特征主要表现在两方面，即节庆和聚会。

节庆，依借传统、宗教的名义更大范围地将外来者串联起来。同时由于全球化进程的影响，西方文化，特别是名目繁多的"洋节"在中国的冲击力日渐式强，呈现出一种集体狂欢的景象。这种景象之下的他们，通过节日本身，通过共同庆祝节日的方式，在能与"故乡"保持某种精神衔接的同时，也多多少少感到了一些茫然。这些茫然来源于他们所处的现时现景对"元仪式"的重新改造。

比如，在国外圣诞节其实是一个合家团聚的日子，而圣诞前夜（Christmas Eve）唯一的传统就是，小孩子可以在床头悬挂袜子等候圣诞老人（其实是自己父母）赠予的圣诞礼物。可是在中国，却被衍生出了"平安夜"这一概念，而对平安夜的庆贺也远远超过了第二天——真正的圣诞节。很多都市生活的中国年轻人在这一天互发短信祝福，更有甚者在这一天晚上一定要吃苹果，因为"苹"和"平"（安）谐音。

有受访者因而向我抱怨这种变化很"ridiculous"（可笑）。可是，

---

① ［美］布拉德福特·J. 霍尔：《跨越文化障碍——交流的挑战》，麻争旗等译，北京广播学院出版社 2003 年版，第 64 页。

从传播的仪式观来看，传播本身就是"创造（created）、修改（modified）和转变（transformed），一个共享文化的过程。①这种转变在所难免。只是他们可以接受自己提前一天即12月25日这一天互换礼物，而非一定得在第二天——12月26日的"Boxing day"（节礼日）这一天馈赠礼物②，能够欣然感受美国的"感恩节"，或者对美国人没有节礼日而感到无所谓，却不太愿意这种来自东方文化对"元文化"的解读和撼动。这里面有更深刻的原因吗？

拿"平安夜"（Christmas Eve）来说，"平安夜"的中国化臆造，体现的是中国文化对外来节日一种解构和重新整合。这种整合在某种方式上体现了当代中国社会的特征。改革开放后，西方文化很大程度上得到了认可和青睐，这种青睐在对洋节的追捧上可见一斑。与之相对的，却是中国一些传统节日的影响力的式微，比如七夕、重阳等。但这种式微并不代表传统的消匿，相反，它会以一种新的形式附着到外来文化中去，也因此，我们不由自主地对"洋节"进行着"改良"。这种"改良"不是生物学意义上的"进化"，它只是一种外来文化和本土文化的调和，包含着"剔除"和"缔造"两个层面，即一方面剔除水土不服的、意义较难理解的那部分表征；另一方面则缔造新的意旨。

可是，对于外来者而言，节庆的重要性体现在一种对时间的共享性上，即在同一时间，对节庆带来的宗教历史感的一种纪念和膜拜（众所周知，西方的节庆大都和宗教有着紧密的联系）。当这种时间带来的厚重的神圣感被全球化之下越来越缩短的地域空间距离迅速地瓦解时，带来了外来者的不满。

---

① ［美］詹姆斯·W. 凯瑞：《作为文化的传播："媒体与社会"论文集》，丁未译，华夏出版社2005年版，第28页。
② 每年12月26日被称为节礼日（Boxing Day），节礼日原本称为圣司提反节（St. Stephen's Day），为纪念圣司提反遭异教徒用石块砸死，成为基督教第一位殉教者。大英国协旗下国家，包括英国、爱尔兰、澳大利亚及加拿大，都把这天定为节日并举行纪念庆典。节礼日（Boxing Day）这个名词出现于中世纪，当时圣诞节前教堂门口放置捐款箱，圣诞节过后工作人员打开箱子，将募得款项捐给穷人因此称为节礼日。节礼日曾一度销声匿迹，直到19世纪才再度风行，英国王公贵族及贵妇，习惯将赐予仆人的礼物用盒子包起来，到12月26日那一天送给他们，作为圣诞节前辛勤工作的奖励。另一种说法是用人在圣诞节后一天放假，因此主人准备礼盒在他们启程回家前作为答谢。尽管现在雇用仆人的家庭大为减少，但是这些地区至今仍保留圣诞节赠礼给服务业人员的习惯。

格尔兹在《仪式的变化与社会的变迁：一个爪哇的实例》一章中，谈到功能理论解释仪式变迁的两个主要理由：社会过程和文化过程。而在他看来，变迁的原因应归结于社会结构方面的整合形式与存在于文化（逻辑—意义）方面的整合形式之间的断裂，这种断裂不是导致社会和文化之间的分裂，而是导致社会与文化之间的冲突。[1]而外来者的痛苦就恰恰在于：这是中国的社会和西方文化之间的冲突。这种冲突虽然并不激烈极端，但外来者却能敏锐察觉，在这种冲突中，他们对本民族文化的认同感得到了加深。

在外来者反感这种当地社会对"元文化"的改变时，他们自身也对原有节庆进行着"调和"，只是这种"个体化"的，为使他们现时现地的人际传播更好进行的"变动"，对他们而言是可以忽略不计且合乎情理的。因为这种"变动"发生在相近的文化内部，很容易达到妥协，且与身边这个差异更大的社会相比，这些差别也就显得越发微乎其微了。

节庆从来没有停止过世俗化的和个体化的变迁。问题的关键在于，它一方面通过形式的变化连接了外来者之间的联系，促进了人际传播以一种大家都乐意接受的形式来完成；另一方面，这种由于空间和时间、社会结构和文化方面的冲突带来的变迁，却无意间加深了外来者对本民族文化的捍卫，捍卫的结果便是与当地人的心理距离的疏远，和因此带来的交流障碍。

节庆有着毋庸置疑的仪式特征，而聚会的仪式感则更体现在它发生的频繁性、地点的相对固定，以及对"小群体"的不可或缺性上面。聚会没有传统节庆那么高的约束力和文化感染力，但却是一个个体得以获得认可，并与他人建立关系的重要途径。对于这些外来者而言，聚会承担的这一"交友"功能尤为突出。因为大部分来昆明的外国人都没有朝九晚五的正式工作，所以想要通过其他途径的社会关系网络建立私人的关系并不容易。

聚会（party），通常有两个不同的举行地点——家或者酒吧。我

---

[1] ［美］克利福德·格尔兹：《文化的解释》，韩莉译，译林出版社2002年版，第199页。

试图根据地点的不同做一些比较：诸如在家举办的聚会更为私人化，只有亲密的朋友才可以进入，而在酒吧举办的聚会则更为开放，不断地有新成员进入。但这样的总结显然不够准确，因为一个在家里举办的私人聚会上，也常有主人完全不认识的人突然造访，只是在酒吧新成员加入的可能性更大。

中国人之间的家庭聚会，更多的是以"家"为单位的聚会，私人化性质明显，并且通常是包含丰盛隆重晚餐的。尊崇集体主义的中国人，在一个共同的聚会上，往往更多地考虑别人的感受，诸如"我突然离去会不会不礼貌"之类，这种强调"平衡感"的聚会使得其往往呈现出一种共同进退、礼尚往来的局面。

而外来者的聚会通常是在晚饭过后的以酒会友，礼数要少很多，他们往往不必遵照约定时间按时到达，或者一定要等到时间，同时散场。这和双方文化的特性分不开。"个体主义精神"的文化底蕴决定了每个人在聚会中呈现的"个性"，以及聚会的随意性：比如晚到或早退，要不要送礼物，穿得会不会过于性感，等等。

观察他们的这些聚会，我发现了一些明显的特点。

首先聚会开展的初衷是维系和联络一个小群体的情感和关系。这样一个小群体是已经存在了的，具有较为亲密关系的一群人，他们的人数不会太多，往来密切，具有一定的交谈强语境，很多信息是已共有的。多次参加他们的聚会后，我注意到他们彼此之间认识都有一年甚至几年以上的时间。彼此对对方的经历都大致有了了解，同时这种紧密关系的建立，都是在来到昆明以后才形成的，之前他们大都是互不认识的陌生人。

其次是在这一个群体中间，参加聚会的人大都有一个共同点——会说英语。以英语为母语的人，或者有较高英语水平的人之间更容易通过聚会，产生更深刻的友谊。以 Philip 夫妇为例，其朋友基本是澳大利亚人、美国人、加拿大人等，连在昆明数量颇为可观的法国人、德国人都甚少，更别说同属东亚文化的日本人、韩国人了。我曾经在他们的空手道场见到一名长期于此学习的日本人，原本以为因为这源于日本的空手道，他们之间应该会有较多的联系，可是实际情况却恰恰相反。因而仅从交流的第一层面而言，语言是双方有可能进行更深层次交流的主要条件。Matt 的例子最能说明问题，他曾告诉我，他们以前的聚会，一位朋友总会带他的韩国朋友来参加，可是几次之后，韩国人就不来了，他说最大的可能性就是那名韩国人的英语不好。相比之下 Matt 由于意大利语很好的缘故，所以跟很多在昆明的意大利人有着频繁的交往，这种紧密的联系是其他几个只会说英语的"老外"所没有的。而更为戏剧性的例子是来自 63 岁的 John，他早年曾在阿富汗当过兵，会一些阿拉伯语，因此与一位在昆的伊拉克人有着较好的交情，当然这名伊拉克人的英语也说得非常好。

再次，我想进一步补充的是，语言是双方得以更顺畅交流的非常重要之条件，但不是"交友"的唯一条件。影响谁能进入小群体的更深层次的原因还是文化及个体的个性魅力，也因此聚会实际上是一种带有一定排外性质的某一文化圈内人的沙龙。虽然 John 在这个问题上提出了不同的看法，比如他用伊拉克人和他的交情的例子来驳斥我的看法。他的结论是：由于他们都属于一个"外来者社区"（expatriate community），因而更容易产生一种惺惺相惜的亲近感。

这些聚会出现中国人的原因是他们身处于中国文化这一主流背景之下，不可回避地要进行跨文化的交流，也因此有着交到中国朋友的可能性。而即便是这样，也有另一个无法令人忽视的现象，即更多的中国女性受邀进入了这个小群体，而非中国男性。中国男性在这场跨文化的人际交往中，处于一种下意识被排斥了的失语状态。关于这一现象的具体原因，文章后面部分会有更详细的论述。

最后一点是，酒吧虽然作为经常举办聚会的一个重要场地，但其存在本身还是被蒙上了一层"贬义色彩"。酒吧的聚会相对而言更为随意，这是由于其特有的商业开放性。来参加聚会的朋友可能是提前数天约好的，也可能是灵机一动的决定，然后发现："啊哈，原来你也在这里。"虽然酒吧在这些外来者的生活里占有了很重的分量，是他们完成人际交往的最经常场所。比如 Box 酒吧，是一家兀立于文化巷并不起眼的小酒吧，酒吧内摆放着黑色简单乃至简陋的沙发，不过百多平方米大小，却是我深入访谈的这一群人的"大本营"。他们每周到此相聚至少三四次，无怪乎，Matt 形象地说："Box 就是我们的家。"

关于节庆和聚会这两种被仪式化了的人际传播的价值，一样可以借助布拉德福特的话来总结：

> 仪式对于任何群体而言都是至关重要的，……它提供了一条创建重要社会关系的途径。发挥着黏合作用……对于参与者而言，他一般不会意识到"我在参与一种仪式"。但他们仍然会程序化地完成一系列有序的行为，而这些行为的正确表演就是表达对某种文化美德或理念的称赞……仪式正是以这种方式把人们联系起来。①

这些跨越空间距离，跟随外来者而来的交往形式，正是以其相对固定的程序（也在某种程度上依照现实而产生一定变化）一面维系着已经形成的群体的凝聚力，一面吸纳着更多有相似文化背景的人的融入。也正是因为有了通过交往而建构起来的这一群体，他们中的很大一部分才选择了留下，而不是马上离去，继续漂泊。

二　跨文化交流的偏见和成见

批判之一

法国人绿豆对我说，你知道，很多中国男人不懂爱情，他们结婚，只是因为他们觉得到了该结婚的年纪。在这里，一个有钱的男人同时拥有妻子、情人和小蜜是很正常不过的事（我很惊讶他能区分"小蜜"和"情人"之间微妙的不同）。

Sachi 说，比如在酒吧的时候，时常会有中国男人走过来，问我，可否告诉他们手机号码，交个朋友。这是不行的，你知道吗？这并不是一个正常的交友的循序渐进的过程，一个良好的交友过程，应该是通过偶然认识，然后有来有往，最后双方了解之后，才能成为朋友的。对于中国男人，因为我结婚了，没能和他们有太多的联系，但我

---

① ［美］布拉德福特·J. 霍尔：《跨越文化障碍——交流的挑战》，麻争旗等译，北京广播学院出版社 2003 年版，第 78 页。

很多女性朋友都说她们不喜欢中国男人。

犹太女孩 Lior 说,他们不够有男人味儿(再一次提到 Masculine 这个词),婆婆妈妈的样子让人受不了。她的一个女性朋友曾试图跟一个中国男人交往过,才几天而已,那个男人就黏住了她,时时嘱咐她,多穿衣服,小心感冒,坚持做饭给她吃。那个朋友很快受不了,对他说,我们分手吧,我已经有了一个妈妈了,我不再需要另一个妈妈。

批判之二
"我不要差不多"

Lior 的一对英国朋友在深圳开办工厂,对手下的中国管理者交代了一个设计方案,希望他能完全按照设计完成任务。可是当成品出来时,英国人发现很多细节跟他的要求有出入,不吻合,英国人气愤地质问他,为什么会这样,会有那么多不同,中国员工很委屈地说,我觉得"都差不多啊"。英国人非常生气,说我不想要"差不多",为什么你们总是"差不多",我想要的是完全一样(exactly the same)。

批判之三
"中国人太讲面子"

绿豆告诉我,在他之前居住的青岛,有很多中国人,特别爱面子。这些人觉得钱包里如果不装满一沓厚厚的票子,就没有面子,说话底气不足。哪怕是去吃 50 元一餐的饭,也非得打开鼓鼓囊囊的钱包,从众多红色大军中抽出一张来,才叫气派。

Matt 曾经说过,他觉得"萨瓦尔多"(文化巷里的一家咖啡馆)的环境、食物、饮品都非常不错,最关键的是价格也非常公道,但不知为何,去那里的中国人总是寥寥无几,也多以年轻人为主。他想不清楚为何中国人要放弃这么棒的,有美好食物的餐馆,而去选择那些昂贵而难吃的地方用餐。对此,唯一的解释就是——中国人太要面子。

爱德华·T. 霍尔说,我们之所以不理解其他文化,其原因是我们未能认识到每一种文化中的那些细小的差异。在跨文化交流中，我们很容易就将遇到的现象过于简单化、一般化的归纳总结，从而得出片面夸大的结论。

尽管事实表明，这些外来者有着相对固定的一个圈子，他们与当地居民的接触及交往，更多的只是我在综述部分提到的"需要性交往"，或者"必要性交往"，但这种跨文化交往还是他们每天醒来不得不面临的事。相较之下，同是外来者的身份，"离乡在外"的共同背景，很多经历和境遇的相似性，都能或多或少地减少他们之间的摩擦。比如 Matt 曾不止一次地调侃"加拿大是美国的第五十一个州"，但他最好的朋友中不乏加拿大人。而与当地人的交往，却因为近在咫尺，却无法全面沟通这样一个"客观边缘"的现实，使得相互之间的偏见和成见油然而生。

偏见和成见相互联系，但含义却不尽相同。

偏见（prejudice），是一种态度，是感情、行为倾向和信念的独特结合产物。虽然态度本身可能有各种倾向，但偏见无疑从一开始就是一个带有负面、贬义的态度倾向，是"对一个群体基于错误和顽固的概括而形成的憎恶感"。[1]

而成见（stereotype），又可译作刻板印象，则是一种我们在认识某一群体时的特征归类，它掩盖了个体差异，将某些特征赋予整个群体。[2] 导致成见的基本原因是我们在与人相处过程中有意无意的一种归类（categorize）。这种归类是推理的延伸，比如哪怕是在同一个文化的内部，我们也会得出类似于"北方人豪爽，上海人精明，云南人朴实"这样的归类判断。这样的判断可能是积极的，也可能是消极的；可能准确，也可能有失偏颇。

因此，偏见和成见的关系就是：不好的成见很有可能形成根深蒂固，难以改变的偏见。而偏见，由于其先入为主的一种消极思维，且常常是伴随着种族中心主义（ethnocentric）产生的，不仅不可能准

---

[1] ［美］戴维·迈尔斯：《社会心理学》（第8版），张智勇、乐国安、侯玉波译，人民邮电出版社2006年版，第243页。

[2] ［美］布拉德福特·J. 霍尔：《跨越文化障碍——交流的挑战》，麻争旗等译，北京广播学院出版社2003年版，第166页。

确，而且很有可能扭曲和歪曲对其他群体的看法。

不可否认这种偏见的形成，也有一些客观原因。例如，更多的女性学习外语专业，也就比中国男性有了相对多的机会同外来者交流，而女性本身的一些特质，也较容易赢得外来者的欣赏和好感。另外，或多或少有一定准确性的成见评价例如"一部分中国男性对女人不好，不尊重女性"也造成了偏见的进一步巩固和加深。此外，由于男性与男性之间存在着天然的妒忌、排斥、竞争心理，注定他们之间不可能产生太大的好感。

其实，成见产生于交流的双方。John 就曾经跟我讲过，他的一些中国朋友都认为，外国人就是有钱，就是都像他一样，不用工作赚钱，却可以周游列国。他说，其实很多美国人都是一样朝九晚五地辛苦工作，而他也并不是一个"有钱"的美国人。还有不少中国人有"老外都有艾滋病"这种思维定式。

只是相对于外来者对国人的偏见和"批判性成见"而言，在我访谈过的与外国人有着经常接触的中国人那里（包括有跨国恋情的中国人、在酒吧工作的服务员、与外国人共事的中国人），我都听到了他们对"外来者"的正面评价，诸如"绅士、诚实、坦诚、尊重女性、单纯……"这些良好的形容词一方面是因为他们那符合中国人物以稀为贵的审美标准——金发碧眼白肤的外表带来的聚光灯效应（spotlight effect）。可是很大程度上源于国人对西方现代科技文明昌盛的崇敬之情（当然这种崇敬之情一不小心就有演变为崇洋媚外情结的可能）。这种成见与成见之间的悬殊，似乎是国与国力量的悬殊中的一个小小的影射。

当然，从个体而言，成见的产生主要是基于双方交流不畅。虽然昆明的外来者越来越多，但由于语言、生活状态、文化背景的巨大差异，他们于我们，只不过是既近又远的边缘人士，而我们于他们也只是同一天空下，各行其道的人群。双方的互动更多地只是停留在表层的需要性交往上。

其次由于"人们总是积极地描述自己的群体，以便于能够积极地评价自己"①。在跨文化交流时,人们很容易就从自我文化的价值观出发,从而再对他者进行判断。这就是为什么人们很容易把本民族对自己的赞美,称作"爱国主义",却将其他民族类似的做法称作"民族主义"。在交流中,这种来自东西方文化观念里的不同价值取向,很容易就被放大。比如他们很容易就把个体主义所崇尚的独立自主精神,以及对私人空间的充分尊重,拿来与中国文化里人与人嘘寒问暖,更为紧密的感情依赖比较,从而造成交流双方的无法理解。例如,他们很难理解为什么中国人要称另一半的母亲为"妈妈"。

价值观念的不同,直接导致了行为规范的不同,行为规范也即社会的道德、法律规范和准则,它规定了什么是可以做的,什么是不可以做的,什么是可以被尊重的,而什么又是不能够被理解的。比如吸食毒品在中国是一种犯罪行为,而在澳大利亚等国,包括贩卖大麻等,则已经是一种被默许了的私人行为。我们习惯"家丑不外扬",对个人私生活的话题讳莫如深,而对于老外而言,绯闻(婚前)或多或少可以证明和增加个人魅力,是一个可以深入的话题。相反,当我们习惯于公开贴在小区的各种账单时,他们却会因隐私的暴露,而感到不舒服。这些行为规范的不同,本来不难理解,但由于人们在交流中,总是倾向于做对自己有利的解释,就会利用来自自己文化观念去判断其他社会的行为规范,从而得出"他者"的行为规范就是不好,而"我们的"才是对的这样的结论。比如乔伊斯曾经告诉我,他的一个同事和他在工作中,但凡遇到双方有不同意见时,就要说:"这是你们外国人的想法,在我们中国人看来,应该是……"乔伊斯一次很生气地说:"只有跟你在一起时,我才真正认识到自己是美国人。"

成见与偏见的形成,虽然不利于跨文化交流的深入开展,但其存在却至少在一定范围内是有意义的。心理学家亨利·托什菲尔和特纳曾观察到以下现象。

- 我们归类:我们发现将人,包括我们自己,归入各种类别是很有用的。在表述某人的其他事情时,给这个人贴上印度人、苏格兰人

---

① [美]戴维·迈尔斯:《社会心理学》(第8版),张智勇、乐国安、侯玉波译,人民邮电出版社2006年版,第256页。

或公共汽车司机这样的标签，不失为一种简略的方法。

● 我们认同：我们将自己与特定群体［我们的内群体（ingroup）］联系起来，并以此获得自尊。

● 我们比较：我们将自己的群体与其他群体［外群体（outgroup）］进行比较，并且偏爱自己的群体。①

这三点解释了介入跨文化交往中的外来者，为何总会以一种自我文化的优越感挑剔交流的另一方——"我们"。这些"占上风"的区别给予了他们一种归属感和自豪感。同时，由于他们在国外生活，不可避免地要遇到一些挫折和困难，这些痛苦和打击往往更容易引起双方的敌意和不满，从而激化成见和偏见。比如 Walter 因为筹办公司过程中的不顺利以及与中国妻子的离婚，形成了一定程度上的对中国人的不信任感和不太好的评价，心理学上将这种偏见称作"替罪羊"偏见，是人们趋利避害，保护自己的一种归因错误，即将发生在自己身上的不幸归结为现实情景或者他者的过错。这种方式使他们释放了独自生存的压力，是外来者自我防御的一种方式。

跨文化交流中的成见、偏见也时不时地发生在同样是有着"外来者"身份的这群人内部，比如在昆明的韩国人更愿意跟韩国人待在一起，法国人也结成了相对封闭的一个更小圈子。但是成见和偏见的程度就要温和得多。Matt 说，他在越南旅行时，觉得越南人非常"坏"，都想方设法地骗旅行者的钱，可是他在昆明遇到的越南人都非常"好"，他很喜欢他们。这或许是因为身处一个周遭都是越南人的环境时，个体更容易被虚假的普遍性所引导，从而造成所谓的"外群体同质效应"（outgroup homogeneity effect）。② 而当他们（Matt 和越南人）都同属于一个外来者群体时，他们一方面更有机会接触，另一方面他也愿意放下戒备，不再以点概面地去评价他们，而是逐一客观地发现每一个越南人的人格魅力。

---

① ［美］戴维·迈尔斯：《社会心理学》（第 8 版），张智勇、乐国安、侯玉波译，人民邮电出版社 2006 年版，第 257 页。
② ［美］戴维·迈尔斯：《社会心理学》（第 8 版），张智勇、乐国安、侯玉波译，人民邮电出版社 2006 年版，第 265 页。

成见和偏见无处不在，即便是在同一群体内部也是客观存在的。这是因为我们身处一个多元文化的世界，就不可能达成对事物观点看法的唯一答案。因此要最大限度地消除跨文化交流中的这些看不见的障碍，其关键词还是"沟通、理解以及尊重"，只有这样，无论是远道而来的"他们"，还是久居此地的"我们"，才能更积极地互动，而非远远地"两两相望"。

三　靠近谁——亲密关系的建立

调查日志 3

所谓友情

Philip 夫妇和 Matti

约 7 年前，Philip 夫妇第一次踏上昆明的土地，那时他们很穷，没有钱，没有朋友，也找不到工作。芬兰人 Matti 那时在一家叫作"驼峰"（Hump）的酒吧做经理，他们在这间酒吧萍水相逢，Matti 知道他们的处境之后就介绍两人到酒吧工作，帮助他们解决了经济危机。Sachi 由于水土不服的原因，感染了病毒，一条腿的膝盖肿得有男人的拳头那么大，她非常痛苦，他帮助他们寻找治疗的各种方法，好在最后这些困难都过去了。几年过去，Philip 和 Sachi 在昆明边教英文，边开起了自己的空手道训练班，光景渐好，Matti 也辞去酒吧的工作，成了一名自由艺术家。可是他们之间的联系并未变淡，相反越来越紧密，他们最喜欢做的事情就是坐在酒吧，在午后、在晚上，漫无天际地聊天，然后再喝一杯。

错失半场难逢的球赛

2008 年 3 月上旬的一天早晨，Matt 突然患上了急性肠胃炎，上吐下泻，胃部疼痛，非常难受，他给 Walter 打去电话，Walter 立即从家赶过来，把他送到附近的医院看病。Walter 的中文水平较高，所以他全程为 Matt 做口译，帮助医生了解病情。他帮他办理各种住院手续，没有犹豫地垫上医药费。那天恰逢澳大利亚队与中国队的足球赛在昆明对决，是千载难逢的机会。Walter 很想去为本国球队加油，却因为照顾生病的 Matt，错过了半场。散场后，又和几个朋友再次赶回医院买水给 Matt。

一顿晚饭

2008年1月的一个晚上,我跟John、Walter、中国人Curt(中文名一直没有问到)、挪威人Liors以及另外一位不知姓名的外国人一起吃晚饭。地点选在文林街上的一家人很多的中国餐馆。在喧闹狭小的店中,寻找到一张桌子坐下。几个身形壮硕的老外和中国人一样挤在嘈杂脏乱便宜的小店里,完全不在意身边当地人投来的好奇目光。他们每人要了一瓶青岛啤酒,用筷子吃饭的样子颇有些中国古代大侠"大口吃肉,大碗喝酒"的风范。对筷下的中国美食大加赞扬,他们认为这是久居美国,或者别的什么国家的外国人永不可能享受到的美食,"他们也许可能去中国城里某家川菜馆享用一盘变了味儿的宫保鸡丁,却不会知道真正的中国菜在云南"。随后他们又谈到从昆明去到北京工作的乔伊斯,在座几位对于他现在的种种做法和行为都不能够理解,认为他变得"太中国了",以至于不能接受。到了结账时,大家认真地掏出钱包,在饭桌上凑份子,这引得旁边的中国人纷纷侧目,而他们却依然沉浸在这种"明算账"的快乐里。

Matt的交往哲学

Matt对于交往有自己的心得,一次在谈到跨文化交流时,如何注意口中的话题时,他说很多时候,他没有刻意地要去太在意自己所说的话会对对方造成怎样的影响,但确实在一些问题上需要回避。比如在跟来自欧洲的朋友聊天时,他更少地会去谈论有关美国政治的问题,因为这些话题很可能会引起对方的反感,这种反感是建立在欧洲人对美国霸权主义的政治主张之上的。而跟中国人聊天时,他觉得很多中国人对政治都不太敏感,但是尽量要避免谈论日本和日本人,他对此给了我一个专业的词语——xenophobia(仇视外国人的一种民族情绪)。在他看来,这是源于第二次世界大战的历史,以及中国人的民族主义心理所致。

李蓓的外国朋友们

李蓓有很多外国朋友,算起来不会比她的中国朋友少。她的父亲原来就有一些外国朋友,她很小与他们认识、交谈,然后不断通过一个人认识另外一个人,于是朋友的圈子越来越大。

她现在最好的外国朋友是Philip夫妇,她跟他们学习空手道已有一年多的时间，因为非常投缘，他们时常见面，聊天，到高校做空手道表演。她不断推荐自己的中国朋友加入空手道的学习中，渐渐有人响应，她乐此不疲。

通过 Philip 夫妇，她认识了 Matt，他们常在一起进行学习交流，她帮助 Matt 学习中文，而 Matt 则帮助她进一步练习英文，或者校正翻译文稿。

很多时候，她和他们再没有国与国、文化与文化之间的界限。她在一家外企工作，老板和她的外国朋友也都是很好的朋友，因此在这个圈子里，她时常感到"转来转去都是认识的外国人"。她相恋三年的男友也是外国人——Luke，远在北京工作。有一段时间，感情遇到问题，她更愿意跟 Philip、Sachi、Matt 这些外国朋友倾诉，在她看来，他们更了解她。她可以在心情不好时，抱住他们流下眼泪，然后得到安慰。

Matt 曾说，她能理解我们的文化，很聪明，对人很好，但不是装出来的那种带有献媚的"甜美"。同时她也有非常传统的一面，比如她和父母住在一起，不够自信，有赡养和照顾父母的责任感。但是，这些都不妨碍我们成为好朋友。我非常欣赏她。

Merritt 的困惑

Merritt 和一名中国女性朋友 2007 年 11 月到云南旅行。那天接受我访谈时，他给我讲了在他看来不可理喻的一件事。他们到达丽江的那天已经很晚，天气非常寒冷，投宿的宾馆仅剩下一间带有暖气的房间。因而他希望能够和他的女性朋友分享一间房间，可是她不同意，把他赶到一间没有暖气、非常冷的另一间屋里。他对此很生气，他不能理解她，他觉得他们是朋友，应该互相帮助，他一路给她很多照顾，她都欣然接受，却在关键时刻这么自私，对他如此不信任。末了，他反问我一句：假如是你，你会怎样做呢？

爱情存在吗？

Matti 和乔乔

Matti 35 岁了，看上去却要比实际年龄还要老些，他来中国已经 10 年左右。他的中国女友乔乔刚满 21 岁，以中国人的审美观来看，乔乔并不漂亮，她五官突出，但是太瘦且较黑，不喜欢笑，给人一种拒人千里的感觉。乔乔并没有太高的文化，在一家模特公司工作。她一句英文都不会说，但这不妨碍她和 Matti 的相识。他们在酒吧认识，由于 Matti 会一些中文，他们就这样半说半蒙地交流。几次下来，他们同居了。在同居一个月之后，他们决定结成男女朋友关系。

我曾问过 Matti，在乔乔之前有没有交过其他中国女朋友。

他坦诚地说，当然有，很多。但是有很多女人，她们不是你的女朋友，她们可能只是性伴侣。

那么，你觉得每个中国女孩跟你交往，都是因为感情么？还会不会是因为别的什么原因呢？

"我相信乔乔是因为爱我。因为，我没有钱，不帅，是个秃猴子（说话间，他摸了摸头顶的空地）。当然也有一些女人，靠近你，想要的却是其他东西，可是这样的女的，你只要看她的眼神，便可以分辨出来。"

乔乔不会英语，你的中文也不是太好，你们能真正懂得彼此么？

当然，我知道她想说的，她也知道我爱她，这足够了。

乔乔告诉我，她曾交往过的男朋友里有来自中国的，也有其他国家的。最终和 Matti 走到一起，爱的是他的坦诚。"当他说爱你时，就是百分之百的爱你。他很诚实，我没有看到他撒过一次谎。这比那些说爱你，但根本不是这回事的中国男人要坦荡得多。"乔乔跟我道再见时，旁边一个外国人拍拍她的肩膀用英文好心跟她说，你应该多吃点，你实在太瘦了。那是很简单的句子，但乔乔一脸茫然地看着我，我给她翻译了一遍。看着她离去的背影。我有点无法想象，Matti 说乔乔和他那一句中文都不会的父母，相处得非常融洽，这一切是怎样办到的？

而 Matti 说过，他不会结婚，在他看来，婚姻就是废纸，而他也承认，也许等乔乔再大一点时，这可能成为他们之间的问题。

Walter 的故事

25 岁的 Walter 刚和结婚 4 年的中国妻子离婚半年。他们在网络上的中文聊天室认识，那时双方都不在国内，是充满浪漫的邂逅。后来两人在上海见面，结伴外出旅行 3 个月后，决定结婚。他们在女孩东北的家乡举办盛大的婚礼，Walter 的父母、亲戚从澳大利亚赶来参加。婚后，他们到过很多地方，最后在景洪买下房子，打算常住。可是在长久的吵闹伤害之后，双方最终还是选择了分手。

Walter 承认，文化差异是他们离婚的重要原因，尽管女孩子很小就出国留学，本身已经很"西化"。但他依旧无法理解诸如为什么要花时间应付她的各种不相干的亲戚类似的事情。他说偶尔可以，可是他不明白为什么他不喜欢他们，却还得装出一副笑脸，和他们硬待在一起。其次，虽然女孩很小就出国，但是受教育水平却不高，这导致他们之间缺乏共同的话题。

但即便是这样，Walter 还是因为自己失败的婚姻，受到相当大的打击。他说，他的前妻把他的"信仰"带走了，并在很多方面欺骗了他（比如他们曾协议过家产的分割细节，可是她还是把他心爱的相机给拿走了，这使他很恼火），他因此对感情有了一定的恐惧和抗拒。他坦言渴望与人有亲近感，却又不愿或者不敢再投入一段稳定感情中去，于是他不断地在酒吧中寻找目标，和很多女人有身体上的亲密关系，心灵上却无法再靠近。

分析

在综述部分，按照人际关系的亲疏远近，我把外来者在昆明的人际交往中，与他人结成的最紧密关系称为："亲密关系"（intimate relationship）。戴维·迈尔斯说，人与人终生的相互依赖性使得人际关系成为我们生存的核心。而自开天辟地以来，就存在着相互吸引——男性与女性之间的吸引，我们应该为自己来到世间而对它心存感激。亚里士多德将人称为"社会性动物"。确实，我们有一种强烈的归属需要（need to belong）——与他人建立亲密关系的需要。[①] 他的话很好地概括了亲密关系的两个重要部分——友谊和爱情。

21 世纪几乎所有的人都非常关注我们依赖他人的倾向性，当我们没有得到足够的亲密感时，很容易出现心理失衡。这种亲密感对于

---

① [美] 戴维·迈尔斯：《社会心理学》（第 8 版），张智勇、乐国安、侯玉波译，人民邮电出版社 2006 年版，第 308 页。

这些在昆明生活的外来者而言，显得尤为重要。因为他们身处一种"变化的文化"和"迥异的社会"之中，所有的一切与他们故乡远隔万水千山。人的社会性却决定了一个人不可能完全地与身边世界隔绝，每个人都需要爱、热情和理解。

谁是谁的朋友？

中国有句老话"在家靠父母，出门靠朋友"。虽然充满了江湖味儿，但却揭示了友情对于外来者的重要性。

在这个圈子里，他们拥有共同亲密的伙伴，彼此之间的熟知大都通过某一成员将其介绍给成员中的其他人。这种介绍经常发生在前面提到的节庆及聚会中，当新成员被带入群体中后，他们通过与"旧成员"之间开放地聊天，被了解、被判断以及最终被接纳。一旦这种"进入关系"被认可之后，旧成员会通过创造更多的机会与新成员待在一起，新成员也就能成为所有人共同的"好朋友"。比如，最早时 Matt 只是 Philip 夫妇的朋友，通过他们，他认识了 Matti、Erik、John、Walter 等，并最终成为圈子里大家都愿意与之深聊的人。也因此，亲密关系是以群体或者圈子为纽带建立起来的。A 是 B 的朋友，也是 C 的朋友，B 和 C 之间也是好朋友，再加入一个 D，和 A、B、C 的关系也都很融洽。这听起来似乎与西方文化里的"个体主义"有些相悖。"个体主义"文化里强调的"私人空间""独立"等重视和尊重个人感受和隐私的特征描述，在外来者的圈子里影响力不再那么大。这是因为这个外来者的群体数量本来就不大，大家的朋友很可能就是同一群人。而"远亲不如近邻"，他们很容易就产生更亲密的感觉。

这种亲密感建立在他们彼此之间已有的接近性——共同的文化背景，相似的外来者经历，以及同在昆明，这一空间位置上的接近。人类总是喜欢与自己相关的事物，这是佩勒姆（Pelham Mirenberg）所说的那种固有的自我中心主义：我们喜欢与自己相关的事物，不但包括我们姓名中的字母，还包括潜意识中与自己相关的人、地方和其他东西。[①] 所以我们会说"老乡见老乡，两眼泪汪汪"，又或者"同是

[①] [美] 戴维·迈尔斯：《社会心理学》（第 8 版），张智勇、乐国安、侯玉波译，人民邮电出版社 2006 年版，第 313 页。

天涯沦落人，相逢何必曾相识"。文化、身份和经历的相关性，以及语言上的无障碍，使得他们很容易对事物有相似的看法，也就能够形成一种非常坚定长久的亲密关系。

这种关系更多的是一个在日常行动中，给予与获得的动态过程。精神层面的交流远多于功利性质的交往。大家在经济上计算得都相对明细，几乎没有牵扯。假如某一个人说"请客"，那么也一定是请客，其他人不用买单。这种相处方式，可能会让习惯了吃"大锅饭"的中国人看来有些奇怪。可是对于他们而言，却是获得更为纯粹友谊的保证。他们之间会有非常真挚的帮助，比如前面提到的案例，但这种帮助更倾向于一种主动给予、不期待立即回报的单向帮助（one-way assistance）。也因此外来者在这个社区内建立的不是一种交换关系（exchange relationship），而是一种共同关系（communal relationship）。①

他们交流的话题广泛，涉及政治、宗教、文学、历史、艺术、大家共同熟知的人等。我曾经在倾听过若干次谈话之后，把我总结到的信息与他们探讨。我感觉只有男人在场时，他们的话题更倾向于政治、女人，言语间也更多粗口，而有女人在场时，话题要"干净"一些。他们用了"也许吧"这样的词语来表现对我的观察的不置可否。但他们都承认在交流的过程中，即便是很好的朋友，还是会因为来自国家的不同，而下意识地避开那些可能会造成不愉快的话题。比如 Matt 很少和欧洲朋友谈论美国的政治主张，这会使彼此情绪受到影响。这便是友谊的准则（rules of relationship），即在一个朋友关系圈子里，大家应该有一个默认的准则，即哪些是应该的，哪些是不应该去触碰的。

---

① 玛格丽特·克拉克和米尔斯认为在交换关系中的双方不喜欢欠对方的债；他们跟踪彼此的贡献，再衡量自己投入的努力；他们只有在认为个人会有所得时，才会关注对方的需求；如果他们拒绝帮助对方，也不会感到失礼和内疚。因此交换关系的典型特征是陌生人和一般熟人之间肤浅的、短促的、相对以任务为导向的邂逅。而共同关系受彼此需要的相互回应的愿望和预期调节。寻求共同关系的人不会计较回报的成本，他们不期待自己付出的恩惠能得到立刻的回报。其结果是，他们会享受到质量更高的关系。详见［美］莎伦·布雷姆等《亲密关系》（第3版），郭辉、肖斌译，人民邮电出版社2005年版，第159页。

除了这个禁忌之外，他们的话题几乎可以涉及任何方面，在中国人看来可能是"绝对隐私"的男女问题，在这个亲密的圈子里，几乎是可以完全开诚布公的。所以犹太女孩会感到非常奇怪，为什么她的中国女性朋友们一谈到性，都变得特别害羞，在他们看来这不是一个禁区。在他们看来彼此的感情、性经历是彼此交流分享的重要部分，并不会作为一个被别人判断品格和道德的标准。相反，一个人告知他人自己在这方面的丰富经历，甚至可以作为一个是否有人格魅力的评判。因此 Matt 说："在昆明，我们没有秘密。"

在一个更亲密的小群体内部，他们对某一个体都有着几乎一样的评价。比如在 Matt 身处的圈子里，大家都不太喜欢一个挪威人，几乎每个人都给了我同一个词来形容他——annoying（讨厌的），觉得他好色轻佻，脾气古怪。这种对一个人的看法很容易成为整个小群体内部的一致见地，也影响到几乎每个人对他的态度。

另一个有趣的现象是，中国女性比起男性更容易融进这个圈子里。不论是与外来者做亲密的朋友，又或者是成就一段跨国恋情，中国女人的身影总是频频出现。而男性，如果没有工作作为契机，很难和外来者有深入的交情。这除了有外国人对中国男性的成见和偏见之外，还有别的原因。

第一个原因是在中国的男性外籍人士多于女性，而且大都单身，异性相吸的原理使得更多的女性得以靠近外来者。

第二个原因是，很多和外来者成为亲密朋友的女性英语都是出类拔萃的（不过，和外来者谈恋爱的中国女孩子中也有很多不会英文的，这在后面还有叙述）。关于女性比男性学习语言的能力更强一些，这是已经被证实了的事实，也因此她们与外来者更容易展开话题，彼此了解。

第三个原因则是女性能够"共情"（empathy），即能够感受他人的感觉——为他人的喜悦而高兴，为他人的悲伤而哭泣。与男性相比，女性较少以强制的方式交谈，而对于中国女性而言，文化的影响决定了她们婉转与间接的表达方式。与男性相比，她们更愿意倾听交谈对象的诉说。这一切决定了一个已经被证实了的现象——"为什么男性和女性报告都说和女性更加亲密、愉悦并容易维持。当需要别人共情和理解时,男性和女性都倾向于向女性倾诉自己的快乐或者伤痛"[1]。

即便如此,由于东西方文化的差异,即便是相对容易妥协的中国女性,在与外来者交流时,还是会遇到一些无法跨越的障碍,比如前面提到的 Merritt 的困惑,以及中国女性对一些谈话内容的回避,等等。但是不能否认中国女人在跨文化交际中获得了比男性更多的便利,而这种建立在便利前提之下建立的友谊甚至爱情,对于跨文化交流而言是有着推动作用的,也促进了双方的进一步理解。

伍德罗·威尔逊曾说过,友谊是唯一将整个世界凝聚在一起的黏合剂。对于外来者而言,与同为异客的人建立的友谊,有助于他们维系原有的精神文化世界。而与当地人的友谊,则更利于他们融入当地的环境。问题在于他们如何协调与这两个人群的联系,因为这两种交往之间的确存在着一定的矛盾。比如往返于北京和昆明之间的乔伊斯(化名),与其他外来者相比,他选择和当地人更多更广泛地接触、交友。这种方式,使得他一方面获得了相当高的中文水平(在整个访谈中,他用一口非常标准的普通话接受我的访谈);另一方面通过与中国人建立的这种紧密的联系,他非常熟悉中国文化,也因此获得了更好的工作机会(这个机会是作为云南省内某著名普洱茶企业在北京的销售代表,推广品牌和传播企业文化。这和其他大多数老外在昆明教英文的工作相比,不仅从收入,还是名誉方面都给了他巨大的成就感)。但是,这些收获的代价是,他与其他外来者的疏离。他在访谈中反复提到他对"中国当前语境下的规则把握得非常好,与上上下下的关系处理得都很好"(我进而追问他,什么是"中国语境",他用到"context"这个词,但想了想又觉得不太准确,我想他所提到的"中国语境"和"规则"更多的指的是一种中国文化里,特有的人情社会的一些处世的原则)。同时对那些和他有着同样身份的外来者,他的言语里显出不屑,他认为他们很懒很穷,因此只能待在昆明

---

[1] [美]戴维·迈尔斯:《社会心理学》(第8版),张智勇、乐国安、侯玉波译,人民邮电出版社 2006 年版,第 135 页。

的小酒吧里喝啤酒,"因为这里的开销实在很低"。而在外来者群体里,众人对他也同样产生了不好的评价。Walter在介绍他给我访谈前,提到"我们开始有点忍受不了他","因为他太中国,感觉有点奇怪"。而其他外来者也有类似强烈的不满。

这是外来者在昆明建立亲密关系时,都会遇到的一个或多或少有些两难的选择:是继续待在群体内部,还是走出圈子和当地人结交?或许在二者之间找到一个平衡的支点是最好的,但要真正达到,却并不容易。

四 文化冲击与返乡文化冲击

调查日志4

"老单车"的故事

在我完成研究的过程中,一次聚会上,美国人John借给我一盘DVD,他说,假如你想了解我们,那么你应该知道关于他的故事。

他叫Michael Sutherland,但他有另一个更响亮的名字"Bike Mike"——他的中国朋友叫他"老单车"。1994年,作为山地自行车爱好者的他,骑车偶然经过昆明,便爱上这座城市,直至2007年7月在南盘江的漂流时,为救落水的中国女友而一起遇难,他在这里一待就是13年。在这盘出自他从欧洲赶来昆明料理丧事的弟弟所拍的回忆影片里,充满了有关他的昆明记忆,以及Michael的朋友们对他的追思。他的葬礼上云集了绝大多数在昆明的外籍人士——认识的、不认识的。甚至在一个对昆明外来者影响巨大的英文网站"go Kunming"上,也有了关于他生平的大篇幅悼文。

他们回忆他金发飘飘,胡须飘飘的瘦削身影;回忆他如何将昆明山地车运动发展成为中国城市此项运动的领跑者;回忆他如何在昆明开办麻料制衣公司(hemp-clothing company);回忆他和他的伙伴们在昆明过着怎样的一种生活,回忆他给他们带来了什么样的帮助和快乐。

这些所有关于他的记录对于他的父母、亲人而言,都是完全陌生的。他已经离家太远太久了,他们身处两个不同世界,他和原先的世界关系支离破碎。因此他们想要了解他,竟然只能通过他在这里的朋友们来还原了。

由于整部影片充满了英文访谈，我不能完全听懂，只能请 Matt 和另一位中国朋友帮助我理解。当影片进入末尾时，Michael 的哥哥用 Michael 所拍过的有关天空的图片来寓意，Michael 从此进入了一个"莲花的世界"（enter into the lotus）。看到这里，身高八尺的 Matt 忽然像小孩一样，呜咽起来。他同 Michael 认识时间不长，大概一年前，他从连云港第一次来昆明，在酒吧里碰到他。

"他很热情，给我留下手机号码，叫我'孩子'，说假如我在昆明遇到任何困难，可以去找他。他是最早一批来到昆明的外国人。他对这里已经太熟悉。一部分久居当地的外来者，当他们知道你不一定会长久地留在此地时，他们就不愿搭理你。因为他们会觉得你很快就会离开，他们不想给自己惹麻烦。可是 Michael 不是，他真正地把我领进这个新社区。他把我带进来。"

"独自一个人在这样一个陌生的城市生活，很多人夸奖我勇敢。其实是因为我们在这里的生活真的很轻松，不难应付。但即便如此，我有时真的，非常非常想家。那天当我生病，躺在令人作呕的嘈杂医院输液的时候，有那么一瞬间，我真的很害怕。我想起美国加州的阳光和海滩，想起旧金山的金色大桥，我开着车，风吹到我的脸上……虽然只是一瞬间，但我真的感到很脆弱。如果没有这样一个圈子，没有这么好的他们，我没有勇气待下去。"

故乡，回不去的故乡

澳大利亚人 John 是我访谈期间，在我经常约见受访者的 Box 酒吧里，最常碰到的一个外国人。他几乎每天从下午开始，就待在这间酒吧。头戴破旧的毡帽，身上常穿的是要么白色，要么卡其蓝的西服，身旁寸步不离的是一个巨大的编织袋。他坐在角落喝酒，不停地喝酒，时常有相熟的外国人跟他搭讪，但更多的时候，他一个人静静地待在角落里。有几次周一，Box 关门歇业，我看到他走到门口，然后又黯然地离去。

我未能有机会访谈到他，但通过旁人的描述，大概了解了一些关于他的事情。他 61 岁左右，他们说他有精神方面的问题（有人说这是真的，也有人说是假的）。因此他获得了澳洲政府发放给精神类疾病患者的生活救助金。这笔钱足够他在昆明过上很好的生活。但是，从2007年开始，澳洲政府出台了新的法律，这项法律规定，接受救助的精神病人，不能离开澳大利亚，否则他享受的福利将被取消。

所以，John现在深陷一个尴尬的环境，要是离开中国回到澳洲，他的双足马上就会被禁住，而不可能再有离开澳洲的可能性；而倘若不回去，他将在异国他乡，独自面对生命的终结，无法与亲人相聚。

分析

抗冲击能力

1960年，文化人类学家奥伯克首次提出"文化冲击"（又称"文化休克"，culture shock）这一概念。文化冲击指的是当人们去到一个与自己原来文化迥异的地方时，绝大多数人都会经历的一种心理上的迷惑。[①] 这种冲击来自所遇到的不同于原来自己的做法、组织、感知或评价事物的方式的经历，而且这些不同的方式又威胁到原有的价值系统和潜意识中的基本信仰。至"文化冲击"理论提出之后，它就被跨文化研究一直用来对外来者的文化适应问题进行追踪调查。文化冲击大概经历四个阶段：蜜月阶段、沮丧阶段、调整阶段以及适应阶段。并且文化冲击的强弱，其明显程度往往与家乡文化和东道主文化的差异大小成正比。

然而，令我意想不到的是，接受我访谈的外来者，大都认为他们并没有经历太大的，如同教科书上所说的这种"巨大的冲击"，因为在他们来之前，他们已经做足了"吃惊，和被冲击"（prepared to be shocked）的准备。因此当他们再遇到任何讶异的事情时，都不再会超出承受范围之外了。

这听起来似乎让人觉得可疑，因为在看学者陈向明的博士学位论文《旅居者和"外国人"——留美中国学生跨文化人际交往研究》时，作者描述了中国留学生，即便是以前在国内英语成绩非常好，拥

[①] ［美］卢克·拉斯特：《人类学的邀请》，王媛等译，北京大学出版社2008年版，第113页。

有相当数量外国朋友的人，在国外的生活，还是感受到了巨大的冲击和挫败感。凭什么这些在昆明的外来者就可以有与众不同的超脱呢？他们中间的大多数人，在到昆明之前，甚至连一句完整的中文都不会说，更有甚者，比如我的第一个访谈对象 Tiger，在中国待了 16 年之久，还是不会一句中文。为什么他们对新环境的适应能力远超过那些英语很好并接触了很深西式教育的中国留学生呢？这是一个值得探讨的现象。

首先，我觉得这是来源于西方文化，特别是"英语文化"客观存在的文化优越性，使得他们在面对新环境时，有一种自然而然的"底气"和从容不迫。

在国内，掌握一门外语，特别是英语，成为举国上下年轻一代必备的一种技能。也因此，英文教师，特别是"native speaker"（母语为英语的人），想要找到一份薪水不错的工作，简直是易如反掌。而且，即便他们不会说中文，当地也有很多会说英文的人，所以他们不会显得手足无措、寸步难行。所以 Matt 才会告诉我，他们在这里的生活真的很容易。一个人首先解决了经济上的问题，日子不辛苦，生活有保障，就有了追求更美好生活的精力和心情。

其次，已经形成的"外来者的社区"（expat community）使得他们能够迅速找到安全感和归属感。这一个庞大的圈子，和其紧密的联系，使得他们拥有一种"不似故人，胜似故人"的亲近感。并且经过历史和人文积淀，以及 10 多年来，源源不断、来来往往的外来者的熏陶，昆明已经拥有了相对完善、可供外来者轻松生活的一个良好环境。诸如各国食物的舶来品、外国人经营的地道的西餐馆、酒吧、艺术沙龙（位于西坝路白药厂旁边的"创库"就是最典型的代表）等，加之怡人的气候和自然环境，以及较低水平的消费、质朴而多元化的民风，这一切恐怕带给人的更多是"惊喜"，而非"打击"吧。

最后，也许不是最主要、最根本的原因，但却是最值得我们国人思索的一点：就是我发现这些外来者接受到的教育，是一种宝贵的独立生存和解决问题的能力，而这一点是我们的教育中最缺乏的环节。举个例子，2007 年 12 月初，我邀请几个受访者到我家吃晚饭。我家坐落在飞机场附近的一个城中村中间的小区里。门外那条路号称是昆明十大烂路之一。就地理位置来说，非常难找。我仅在网络上简单地告诉过 Matt 我们家的位置，然后叮嘱他们打出租车过来，并把电话交给司机，我告诉司机具体的路线。可是周末晚高峰，没能坐上出租车的他们（共四个外国人），居然可以直奔 52 路（一辆从市区开往飞机场的公交），然后又坐了电动三轮车找到我家的大院，其间我统共只和他们通过 2 次电话。相反，我的两个中国朋友，却在中间和我沟通了无数次，后来还去接她们，才得以安全到达。这个简单地对比，不难使人理解为何他们能够忍受背井离乡带来的不确定和孤独感，而中国留学生在美国却感受到严重的挫败感。

当然，外来者，并非百毒不侵的超人，他们对"文化冲击"也没有百分百的免疫力。只是这种文化冲击，更多的不是源于生存环境和文化的改变，而是来自疾病、死亡这些潜在的生理健康和自然灾害带来的不确定性。他们不信任中国的医疗体制，有着强烈的恐惧和排斥心理。在我访谈之前，我就了解到曾有两名在昆的外籍教师（一名英国女性，一名美国男性），都因为疾病但不愿意在本地医院接受治疗，最后延误了治疗时机而死亡的事件。当我就这个问题咨询受访者的看法时，他们也都对中国的医疗体制给予了非常不好的评价，并讲述了很多关于他们在昆明求医，遇到的"不可思议"的经历。并表示假如是急性病，他们只能上当地的医院，但如果是慢性疾病，他们会选择去香港，或者离昆明较近的曼谷——"曼谷的医疗水平要发达得多"。

来自圈子内部某一个体的不幸遭遇（疾病、死亡等），会让其他人产生强烈的共鸣感，从而受到巨大的冲击。前面提到的"Bike Mike"，在他昆明举行的葬礼上，来了很多认识和不认识的外来者，人数之多，超出了众人的想象。格尔兹引述马林诺夫斯基的观点，认为死亡引发了生者爱与恨的双重反应，在内心深处出现迷恋与恐惧双重情感，它同时威胁了人类生存的心理的与社会的基础。① 对于这个群体中的大多数人而言，"矛盾中的那部分爱"源于对生者的追思，以及对这个紧密

---

① ［美］克利福德·格尔兹：《文化的解释》，韩莉译，译林出版社 2002 年版，第 195 页。

联系里一个成员离去的怀念，而那"恨"则是由人推己而带来的一种凄凉感，一种在未知环境中对不确定性的恐惧。突然而至的、不可抗拒的疾病和死亡带来的"震惊"，超过了痛苦本身，而"背井离乡""身处异地"这一背景，无疑更加重了受惊的程度。

"返乡文化冲击"

与"文化冲击"（culture shock）相比，对外来者而言，感触最深的其实是——"返乡文化冲击"（reverse culture shock）。关于"reverse culture shock"，我尚未在相关的跨文化书籍中找到对照翻译和解释。而我自己，也是在和受访者谈论到"文化冲击"（culture shock）时，第一次听到这个词。他们觉得当他们从当下这个环境回到原有环境时，遇到的"冲击"远超过其他文化带给他们的"冲击"，他们把这种冲击称作"reverse culture shock"。"Reverse"作为形容词时，其意为"相反的、反向的、颠倒的"，在此将其译为"返乡文化冲击"，主要是对照"文化冲击"一词，与之形成对比。

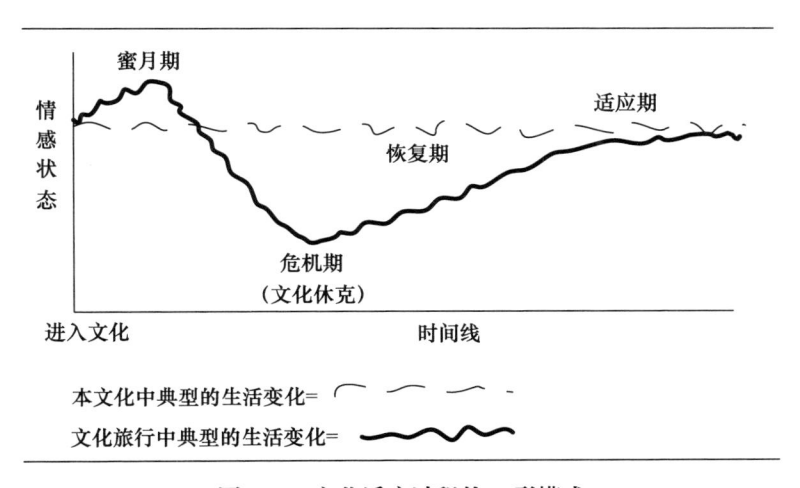

图 1-1　文化适应过程的 U 形模式

资料来源：布拉德福特·J. 霍尔《跨越文化障碍——交流的挑战》，北京广播学院出版社 2003 年版。

事实上，布拉德福特·J. 霍尔曾经对此有过一定的探讨，他说："在有些情况下，重新适应自己的文化甚至比最初适应他文化的过程

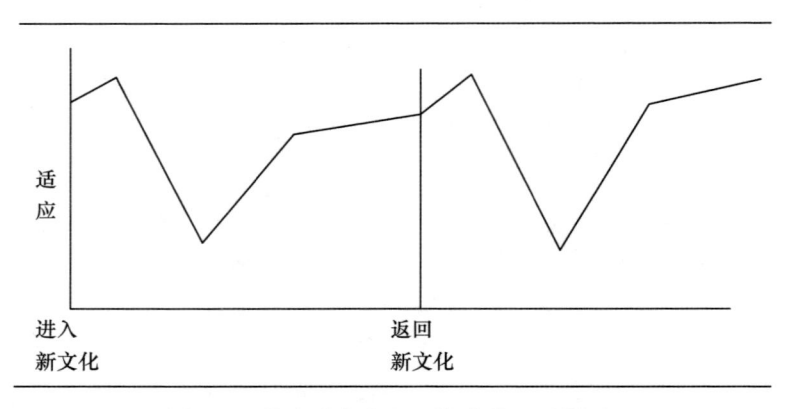

图 1-2　整个跨文化心理体验的 W 形模式

资料来源：布拉德福特·J. 霍尔《跨越文化障碍——交流的挑战》，北京广播学院出版社 2003 年版。

更加困难。尤其是人们在海外居住的时间越长，那么回来面临的挑战也就越大。"他还借助 J. T. 古拉霍恩（J. T. Gullahorn）兄弟二人的 W 形模式图，来对照进入他者文化时，文化适应的 U 形模式。通过这二者的对比来强调：人们重新回到自身文化当中时，在达到功能正常的状态之前，往往会经历欢快、疲倦和重新适应的阶段，就和他们当初出国的感受一样。①

通过对比这两个图，我们会发现，图 1-1 是图 1-2 的前半部分，即外来者进入其他文化时，遭遇到的心理冲击。而当外来者回到原文化时，他再次遇到"冲击"，这两次冲击的起伏是极其相似的，甚至可以重叠起来。

婆罗门人类学家兹尔尼瓦斯曾说过一句非常好的话"To make the strange familiar, and to make the familiar strange"。其意为：变陌生为熟悉，变熟悉为陌生。这用来描述外来者回家遇到的"返乡文化冲击"，应该是最合适不过的。原先那些看来最平常不过的生活方式、交流手段、法律规则、价值系统，原来永远是"对"的习俗、假定

---

①　[美] 布拉德福特·J. 霍尔：《跨越文化障碍——交流的挑战》，麻争旗等译，北京广播学院出版社 2003 年版，第 244、265 页。

和行为，原来那些关系紧密的亲人朋友，似乎都变得和以前不一样了，而别人看"他们"的眼光也不一样了。

法国人绿豆一次对我抱怨中国人在城市规划与建设过程中，对于历史古迹、古老建筑疏于保护，对于我们每个城市日新月异的变化表示了自己的担忧。可当话锋转至巴黎时，他在为巴黎的历史厚重感，深感自豪的同时，竟也流露出对这种"一成不变"，感到审美疲劳。而这种"一成不变"，也是驱使他继续待在中国的原因。

一次我和 Walter 路过翠湖，看到公园里的老人热闹地唱唱跳跳时，他对中国文化里的"孝道"表示了敬重。在澳大利亚，子女成年之后，都要和父母分开，当父母老去之后，都会进入养老院生活。这种从前在他看来再正常不过的一种养老方式，在对比中国老有所依、儿孙绕膝的赡养方式之后，或多或少有了"自私""残忍"的意味。他也因此萌发了要对父母更好的想法。

Matt 某年圣诞节回到了加州。回来之后，他说和从前的朋友见面，他们中很大一部分，已经今非昔比，他或多或少感觉到了一点挫败感。而他们也无法理解他在中国的一切，于是感觉到了一点疏远。

美国人 John 对"返乡文化冲击"的看法，表现了他作为一个人类学者的审慎。他觉得，那只是给了他们更敏锐的眼光和眼界来审视自己的文化，这是那些在原有文化里循规蹈矩生活的人不可能拥有的。也许从前你会想当然的觉得什么是应该的，什么是不能的。而有过接触其他文化的经历之后，你会去思考：为什么我们会这样做？这样做是否是愚蠢的？它和其他文化的区别在哪里？

布拉德福特将这种返乡文化冲击的产生归结为三个方面：

第一，"自我"和"他人"文化的改变；

第二，对"回家"有不切实际的期望；

第三，缺乏本文化团体的欣赏。①

在这三点中，我想进一步探讨的是第三点。一个长期待在昆明的外来者，很容易感受到来自当地人的注视、尊敬以及好奇的目

---

① ［美］布拉德福特·J. 霍尔：《跨越文化障碍——交流的挑战》，麻争旗等译，北京广播学院出版社 2003 年版，第 257 页。

光,这种像聚光灯一样的聚焦很容易使他们获得关于自我的肯定和优越感。乔治·H.米德解释说,这种优越感并不一定代表那种令人讨厌的过分自信的性格,它也不意味着那个人想要贬低别人以抬高自己。至少,那是人们很容易采取的实现自我的形式……人类是存在这样一种要求,一种持久的要求,在对周围那些人的某种优势中实现自我。①

西方文化在全球化中的强势传播,使得部分中国人对西方文化持有良好的印象甚至持仰慕的姿态。这种"崇洋"的心态,连带地,使得大多数中国人对外国人抱有先入为主的好感。这种好感使得他们一方面在物质上容易获得不错的保障(相对于当地的物价水平而言);另一方面更体现在认同感上,他们的一举一动、一言一行都更容易得到别人的认可和尊敬,一个普通的外来者(男性),很容易就能在当地找到恋人,建立亲密关系。这种因由大众传播而获利的人际传播让他们在这样一个发展中地区充分体会到了比在本国更强烈的民族自豪感。

另外,他们在昆明建立了一个与原有文化紧密相连的圈子,使得他们不会完全失去同原来文化的联系。而倘若他们回到家乡,这一切都要推倒重来。他们在此地看来丰厚的收入,放在原来的国家却少得可怜。于是,犹如午夜12点钟声敲响后的辛德瑞拉,他们无可奈何地褪去了优雅高尚的绅士外衣,变成了一个个一文不值的穷光蛋,所有的光环都不见了。由此造成的心理落差可想而知。这种心理落差还表现在他们与原有国家的人之间的交往上。在他们离开之后的这段时间里,他们和他们那些待在国内的朋友都发生了变化,这些变化客观存在,但又因着这段时空距离,而被无限放大。我在"亲密关系"部分曾提到的美国人乔伊斯,那个徘徊在中国人圈子和外国人圈子之间的外来者。他所处的"猫不爱,狗不亲"的尴尬境地就是"返乡文化冲击"造成的。在经济和精神的双重压力之下,他们中的大多数人,都选择了再次返回那个让他们一点点看不起,但又欲罢不能的

---

① [美]乔治·H.米德:《心灵、自我与社会》,赵月瑟译,上海译文出版集团2005年版,第162页。

"第二故乡",又或者继续漫无目的地漂泊。因此原有文化价值体系被迫在他们心里土崩瓦解,与压力相比,他们更愿意享受自由和被尊敬的感觉。他们于是默许了这种现有的、漂泊异乡的生存状态,以及一种双重的认同体系,这种认同体系徘徊在原有文化和新文化之间。[①] 故乡,于是成了那个有着温柔回忆,却无法回去的"子宫"。就连一位经营酒吧,和外国人相处很好的中国女性也对我说过,这些老外,很多在他们自己的国家都是怪物,不能被理解。

这使得我想到"龙"和"虫"的待遇,他们在这块土地上,享受的正是类似于"龙"的待遇,而倘若回到原有文化,一切都已面目全非。

第四节 "我"的故事

论文写到这里时,有必要谈谈我使用质的研究方法的个人体会了。这种体会是伴随着我作为"研究者",在这种参与式调查中的身份转变,以及后期资料整理而一步步加深的。我主要想从三个方面来总结,即访谈体会、分析体会,以及效度探讨。

在综述部分,我曾好几次谈到语言问题,是我整个访谈中遇到的最大困难,这事实上也是阻挡中国人和外国人跨文化人际交往的最大问题。在访谈过程中,很多次,当我无法理解他们所谈内容时,却不得不硬着头皮点头附和,为的是不打断对方兴致高昂的谈论。这使我深刻体会到跨文化交往中的一个致命障碍——"无端性思维"(gratuitous thoughts),即我们在交流时,总有一种对交流的语言期望(language expectations),都倾向于寻找那些与我们操着同样口音的人。这一方面当然是因为语言是交流最重要的工具,另一方面则是因

[①] 玛格丽特·道格拉斯说过:"二元对立是一种分析程序,但其效用却并不保证存在物都是以此区分的。"详见 [法] 路易·迪蒙《论个体主义——对现代意识形态的人类学观点》,上海人民出版社2003年版,第5页。我在此处谈到的"原有文化"和"新文化"之间,也并非一对截然对立的概念,它们之间有相同之处,也有各自的特点。因此外来者重新建构的认同感,既是衔接两种文化的桥梁,也有使其走向相反方向的可能性。

为，我们在交流时，需要一个"文化的语境"。① 由此，我将访谈时不得不进行的"无端性思维"归为两类：语言无端性思维，以及文化无端性思维。这两种"应声符合"在访谈初期是不得已而为之的，但是到了后期，则"无百利而仅有害了"。

为了冲破文化和语言带来的障碍，我只能把自己从一个"局外人"转变为"局内人"②，我像他们一样泡在酒吧，参加他们的聚会，或者自己组织聚会，尝试着从他们的角度看待问题。这种方式使得我的访谈不仅仅局限于单一的"个别访谈"了，也有了一些"集体访谈"的机会。③ 这种"集体访谈"，显然更为受访者所接受。因为是在一个他们熟悉的"文化语境"内进行的关于他们自身的探讨，而且很多时候都是不经意间进行的，也让我把握到了他们的"真情流露"。他们针对我的问题，给出的往往是经过讨论以后的"集体建构的答案"，这些答案中诸如"对中国男性的偏见""返乡文化冲击"等，对我的论文而言，是意义非凡的。

访谈中另一个可以称为"成功"的经验是——"自我表露"（self-disclosure）④。人和人之间的相互了解是建立健康的人际关系和人际传播活动的基础，这在极大的程度上来自人们各自的自我表露程度。当我以"研究者"的目光在打量访谈对象时，免不了也要接受

---

① 马林诺夫斯基在1923年首次提出语境（context）这个词，在《意义的意义》一书中，他把语境分为文化语境（context of culture）和情景语境（context of situation），"文化语境是指说话人于其中生活的社会文化环境"；情景语境"指语言行为发生的具体情境"。详见薛可、余明阳主编《人际传播学》，同济大学出版社2007年版，第257页。

② 陈向明在《质的研究方法与社会科学研究》中指出，"局外人"指的是那些处于某一文化群体之外的人，他们与这个群体没有从属关系，与"局内人"通常有不同的生活体验，只能通过外部观察和倾听来了解"局内人"的行为和想法。"局内人"指的是那些与研究对象同属于一个文化群体的人。他们享有类似的价值观念、生活习惯、行为方式或生活经历，对事物往往有一致的看法。详见陈向明《质的研究方法与社会科学研究》，教育科学出版社2006年版，第134页。

③ 访谈可分为两种形式：个别访谈和集体访谈。个别访谈是研究者向一位被研究者进行访谈，通过两人的互动，达到对问题的探讨。集体访谈则是指研究者同时对一群人进行访谈，通过群体成员相互之间的互动，对研究问题进行探讨。参见陈向明《质的研究方法与社会科学研究》，教育科学出版社2006年版，第211页。

④ ［美］戴维斯·迈尔斯：《社会心理学》（第8版），张智勇、乐国安、侯玉波译，人民邮电出版社2006年版，第340页。

他们的评判。英文中有一条待人接物的谚语——"Do not judge, and don not be judgmental"（不要轻易地去判断别人，也不要被人轻易地评价）。但是，在实际的人际交往中，访谈对象在接受访谈的过程中，也会或者防备、或者不自觉地期望获得我的看法。我于是会在他们征求我的看法时，如实地表明立场，也会把自己的私人问题和他们分享。这种坦诚的表达赢得了受访者的信任，他们也就愿意向我透露更多关于自己的信息，也使我获得了第一手资料。相互表露的增多，加深了我与受访者的私人关系，从而更全面地去了解他们的内心世界，而非站在一个"文化客位"的位置上指手画脚。

关于整理、分析资料的心得，我觉得哈勃曼关于资料分析的这个互动模式是对我整合资料过程的最好说明。①

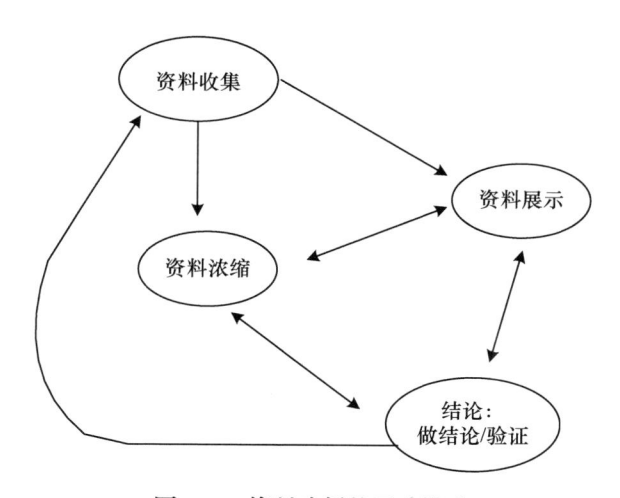

图 1-3　资料分析的互动模式

资料来源：陈向明：《质的研究方法与社会科学研究》，教育科学出版社 2006 年版。

在这个互动模式中，资料浓缩是最核心的部分，它一方面可以将收集到的零散原始素材进行提炼，从而更好地展示资料，另一方面也能形成核心概念和结论，同时又作为检验结论的依据出现。我在进行资料浓缩的过程中，所做的最重要工作是寻找资料之间的相关性，从

---

① 陈向明：《质的研究方法与社会科学研究》，教育科学出版社 2006 年版，第 276 页。

而根据不同的类属，将其合并。

  这个过程并不轻松，因为有的现象它们彼此互为因果，因而，在资料归类的过程中，我常常会为究竟将一个案例放置到哪一个部分中去而感到左右为难。这也从一个侧面反映了我在构思论文结构时，归纳分析能力上的欠缺。

  这种归纳分析能力也体现在运用理论上。根据维尔斯曼的分析，理论可以分为两类：用以解释他物的判断——"公理"，以及被解释的判断称为"定理"。① 我在论文写作的过程中，采用的是在大的"公理"理论框架中展示调查资料的方式。"仪式化的人际传播"、"跨文化传播中的成见与偏见"、"亲密关系"以及"文化冲击与返乡文化冲击"这四个大的部分，我都是在人际传播、跨文化传播、社会心理学、人类学这样一些彼此相关的学科里，一些被共同探讨过的公理框架下，展示我所了解的外来者人际交往的情况。但同时，我赞同格尔兹的观点，即学者自己制造出来的那种妄图论证局部真理可以向普遍图景发展的"以小见大"的模式，其错误将非常明显。原因在于，社会科学中，不存在"自然实验室"这样的概念，每个被观察之地都有不可控的参数，这些变化参数决定了我们只能"具体问题具体分析"。②

  因此，在大的公理框架下，我力图用浓缩的"调查日志"和进一步的分析展示"此地此景"。虽然这些总结和描述，不如"公理"或者"定理"那么抽象，那么具有普适的意义，深度也有待加强。但，我尚可保证这是在真实性基础上，确保了被描述对象的个性和复杂性。

  由此，就引申至另外一个问题，即研究的效度。怎样才能判断一个质的研究具有可靠的效度呢？对于一个量化研究而言，可以从它的内容、效标和理论方面来评价。但质化研究，不仅只是研究者单方面

---

  ① 陈向明：《质的研究方法与社会科学研究》，教育科学出版社2006年版，第318页。
  ② 按照陈向明博士的叙述，"质的研究"通常将"大写的理论"（"公理"和"定理"等）与"小写的理论"（"假设""观点""猜测"想法等）区分开，"小写的理论"一般被传统社会科学认为不属于"理论"的范畴，是没有经过检验的、不可靠的理论、但质的研究却仍视其为合理的理论，因为它具有针对性。参见陈向明《质的研究方法与社会科学研究》，教育科学出版社2006年版，第319页。

的主体对客体的认知,而是主体在一定社会文化环境中与客体相互重新建构的过程。因此有学者主张用"真实性""可信性""一致性"等词组代替"效度"从而衡量质的研究。

在论文"调查日志"和理论构建双线结合的叙事方式下,调查日志是访谈记录经过浓缩、归类之后的文本,意在真实地展示访谈过程中,那些让我产生"触动的情形"。这种触动建立在研究者的个人倾向和对资料的价值评估上,这是质化研究中不可避免的主观性。但我极力弱化这种主观性,从而强调所描述现象的客观性和真实性。虽然,我选择的入手点是一个彼此联系紧密的外来者小群体,而非一个在昆明的全部外来者群体人际交往的统一范式。例如,我曾听一个受访对象透露,在昆明还有一个具有相当人数的"基督教社群",这个群体由欧美中产阶级的人士构成,他们在昆明拥有良好和谐的家庭、体面的工作、严格的教义,他们来昆明的目的,很大程度上是传教。这个"基督教社群"的生活轨迹,显然与我所研究的群体大相径庭,虽然他们之间也不乏联系。但是,这个完整的由远到近、由文化主位向客位转变的研究过程,还是使得我的视角丰富而完整,兼容而并包。

需要承认的是,在一些问题的探讨上,尚有进一步深入调查的可能性,比如亲密关系的调查,由于研究时间的局限,以及访谈的不彻底,使得我对这个问题的未能进一步深入始终抱有遗憾。

斯特劳斯曾说过:"无论如何,质的研究是对社会现象的认识,而对社会现象的认识主要是对人的认识,而对人的认识,本质上是一种自我的认识。"[①] 这个历时 4 个月的访谈,对我而言也是一次难得的跨文化体验。研究和体验的过程中,我也经历了挫败、受排斥、友谊、骚扰、被信任……这些在日常人际交往中一样会产生的内心情感,也从他者的角度,有机会重新审视我们自己的传统、日常行为以及生活的方方面面。我有机会认识了"他者",也通过"他者"进一步认识了自己,这是质化研究带给我最丰厚的礼物。

---

① 景天魁:《社会认知的结构和悖论》,中国社会科学出版社 1993 年版,第 230 页。

第五节　结语

　　英国著名作家、1907年诺贝尔文学奖得主卢迪亚·吉卜林曾说过:"东方就是东方,西方就是西方,两者永远不会相会。"[1]

　　然而就在2008年3月,论文快要结束时,有一天我随一群外国人到抚仙湖游玩。一位老外指着手臂上因为浸泡在刺骨湖水中而显现的"鸡皮疙瘩"问我,中文应该叫什么。当我把中文含义向他们讲解之后,他们面带不可思议的微笑,告诉我,英文把"鸡皮疙瘩"叫做"goose bumps"。如果非要直译的话就是"鹅皮疙瘩",其原意和引申义都和中文的"鸡皮疙瘩"完全一样。这种发生在不同语言中,近乎一样的比喻和用法让我惊喜。谁说西方和东方泾渭分明,我们之间有不可思议的相似之处,也正在交会。

　　这便是我论文写作的目的,我期望展现这群外来者在昆明人际交往的图景。这个图景并非刻意地用一种本地人的"主人视角"去将外来者边缘化。我所能做的不过是透过我的眼睛、我的耳朵来描绘景象。这种景象的构成,用文化人类学的观点可以称为"文化描绘"(Mapping the Culture)。在全球化的今天,我们有了越来越多的机会认识相同或者不同的人,唯有将自身和他者都视为平等的文化存在的实体来看待,才有可能达到文化的理解(culture awareness)。

　　然而,正如西美尔在一百多年前[2]所看到的那样,只要我们感到在陌生人和我们之间在民族的或者社会的、职业的或者普遍人性的相同时,陌生人对我们来说就是近的;只要这些相同超出他们和我们,不仅约束着我们双方,因为他们总的来说约束着很多人,那么他们对我们来说就是远的。[3] 我研究中的"外来者"和帕克笔下的"边缘

---

[1] 马冬编著:《中外文化交流及语用分析》,北京大学出版社2006年版,第8页。
[2] 西美尔于1908年发表了《社会学——关于社会化形式的研究》一书,正是在这本书中,西美尔阐述了关于陌生人的概念。
[3] [德]盖奥尔格·西美尔:《社会学——关于社会化形式的研究》,林荣远译,华夏出版社2002年版,第515页。

人"分属两个不同的范畴，他们并未因为自己外来者的身份感到沮丧和悲观。他们来到这个位于中国西南部的边陲城市，大都出于偶然，是计划之外的产物。这样的到达原因，使得他们行踪不定，有可能继续漂泊，也可能就此扎根此地。但是可以确定的是，这座城市以其特有的魅力，或暂时、或长久牢固地抓住了这些旅居者的心。他们在这里结成圈子、穿梭在各式酒吧中，以原有文化的模子，重复着一年一度的节庆，以及应接不暇的各种聚会。他们以为一切照旧，他们和原来没有任何区别，内心深处抵制着当地人的同化，半调侃、半激烈地评价着对方的言行。殊不知在这种不咸不淡的"疏忽的传播"中，偏见和成见孕育而生。他们潜意识中固着的优越感，由此带来的"批判性成见"，与绝大多数当地人对他们的"仰慕化成见"二者相连，犹如"双倍催化剂"，使得他们一步步高看自己。这种自我高估，是建立在西方文化在全球化过程中的主流地位之上的。这种主流地位使外来者无论是经济，还是精神上，都得到了良好的照顾。然而，当他们回归自己国家时，这种优越感，好似厚厚泡沫上的一把太妃椅，很快连人带椅跌落到谷底。他们不再是那群被周围热切眼光包裹住的感觉良好的"外籍人士"，他们很可能什么都不是。也因此他们遭受到比"文化冲击"力量更大的"返乡文化冲击"，这种冲击使他们对原有文化强有力的信仰应声倒下，有关原有的文化的每一个细节都变得如此敏感甚至不可理喻，他们再也回不去，而现有的文化，又不可避免地要被业已建构的价值观念批判。他们最终发现，他们不再有家，甚至哪里的人都不是。

也正是在这样一个徘徊的境地里，东方与西方之间，人与人交流的那道门，被撕开一道缝隙，最先跳出来的是当地的中国女性，她们用自己的方式去交流，成为跨文化人际交往中的先遣军。也许这其中的一些交流方式，比如那种泛滥的、流动性极强的恋人关系，并非跨文化交流的一个正常的，抑或"正经"的渠道。但不可否认的是，这道交流的大门已经打开。

第 二 章

从优势移民转向跨国"摆渡人"

在近 20 年后,我和乡土中国的关系不仅仅只停留在着迷阶段。在过去的 12 年里,我们已经雇用了超过 60 名年轻女性,她们离开乡村故土,来到我在昆明经营的小生意——"萨尔瓦多"咖啡馆工作。我们也随她们返回山村,去参加她们的婚礼,和她们的家人一同开怀畅饮自家所酿的苞谷酒;在阳光灿烂的日子里,与她们在自家的农田里学习如何采茶叶,又如何在火上将茶叶烤熟。

——范小林(Colin),2016

2020 年快要进入秋季的一天,我在范小林[①]位于昆明市文化巷的"萨尔瓦多"咖啡馆对他进行了近 2 个小时的访谈之后,接过他写的书《寻梦中国》[②],书的扉页上就印着这段文字。

2007 年,这间咖啡馆开业的第四年,我将硕士学位论文的研究对象确定为在昆明的欧美人,这里就是我访谈和参与观察的一个重要田野点。10 多年后,"萨尔瓦多"还在原来的位置,范小林这位最初只是想来云南探险的美国年轻背包客,已在此处落脚近 20 载。他的身份也与本地紧密地联系在一起,他和合伙人经营着一家生产健康食品的企业,开有 3 间咖啡馆,雇用着 60 余名云南山村里的妇女,投身于本地的各种公益事业中。他还成了中国女婿。

---

① 为保护受访者隐私,本章除了范小林,所有受访者均采用化名。
② 英文版名为:*Great Leaps: Finding Home in a Changing China*。

从欧美发达国家向相对欠发达国家迁徙的移民，学界视之为拥有优势的迁徙者。现有研究大多认为：他们可以依托原籍国，还有他们自身相对富裕的经济储备，以及种族——尤其是作为白人的优势，在新的栖息地建立一个与当地人没有太多交集的平行社会[①]。假设这个平行世界真的存在，我在10多年前便曾"闯"入其中。彼时与现在，恰好成就了观察优势移民在中国西南实践与身份转变的比较视角。

第一节 有关欧美移民优势生产与
再生产的研究回溯

欧美学界以"侨民"（expatriate）替代更为宽泛的"移民"（migrant），专指代欧美迁徙者，以凸显出其作为优势移民的身份。尽管侨民也是短暂或长期生活在原籍国之外的居民，但不同于低技能移民和难民，多为专业人员、高技能移民，或者是海外艺术家，既包括自发的流动者（self-initiated expatriate），也包括跨国机构派驻人员（organizational expatriate）[②]。

优势是阐释欧美移民迁徙轨迹的"前置"视角。大多数向南迁徙的移民，与当地人相比，在经济上更为富裕。但北—南移民的优势指的并不是移民个体的经济能力。跨国流动所映射的实际上是全球地缘关系的不平等[③]。地缘政治中的权力不对等，在使南—北移民面临普遍脆弱性之时，却为北—南移民带来了相对优势。移民原籍国在世界体系中的核心位置，在经济和政治上所占据的强势地位，使其在向

[①] Leonard, P., *Expatriate Identities in Postcolonial Organizations: Working Whiteness*, NY: Routledge, 2016, pp.97–121.

[②] Froese, F. J. and V. Peltokorpi, "Organizational Expatriates and Self-initiated Expatriates: Differences in Cross-cultural Adjustment and Job Satisfaction", *International Journal of Human Resource Management*, Vol.24, No.10, 2013, pp.1953–1967.

[③] Blomley, and K. Nicholas, Mobility, "Empowerment and the Rights Revolution", *Political Geography*, Vol.13, No.5, 1994, pp.407–422; Zolberg, A. R., "The Next Waves: Migration Theory for a Changing World", *International Migration Review*, Vol.23, No.3, 1989, pp.403–423.

南迁徙时，具有了"不劳而获的优势"（unearned privilege）①。这种作为核心国公民即拥有的优势，使研究者把从发达国家流出的专业移民与旅居者、冒险家、背包客，甚至留学生都纳入优势移民研究的视域内。

现有的经验性研究有的聚焦北美向墨西哥，以及中南美洲的厄瓜多尔、危地马拉、哥斯达黎加等国流动的移民，② 也有关注北欧和西欧国家的公民在欧洲南部的西班牙、欧洲东部的波兰，以及非洲的摩洛哥、纳米比亚等国的迁徙经历。③ 在亚洲，研究者主要关注西方移民在泰国、马来西亚和印度尼西亚等少数几个海岛国家的跨国生活。④

---

① Scuzzarello, Sarah, "Practising Privilege: How Settling in Thailand Enables Older Western Migrants to Enact Privilege over Local People", *Journal of Ethnic and Migration Studies*, Vol. 46, No. 8, 2020.

② Banks, S. P., "Identity Narratives by American and Canadian Retirees in Mexico", *J Cross Cult Gerontol*, Vol. 19, No. 4, 2004, pp. 361–381; Hayes, M., "Moving South: The Economic Motives and Structural Context of North America's Emigrants in Cuenca", *Ecuador. Mobilities*, Vol. 10, No. 2, 2014. Kordel, Stefan, and P. Pohle, "International Lifestyle Migration in the Andes of Ecuador: How Migrants from the USA Perform Privilege, Import Rurality and Evaluate Their Impact on Local Community", *SociologiaRuralis*, Vol. 58, No. 1, 2018. Levy, Joshua Wolfe, *The making of the gringo world: Expatriates in La Antigua Guatemala*, Berkeley: University of California, 2008.

③ Huber, Andreas, and K. Oreilly, "The Construction of Heimat under Conditions of Individualised Modernity: Swiss and British Elderly Migrants in Spain", *Ageing & Society*, Vol. 24, No. 3, 2004, pp. 327–351; Johnston, B., "The Expatriate Teacher as Postmodern Paladin", *Research in the Teaching of English*, Vol. 34, No. 2, 1999; Kordel, Stefan, and P. Pohle, "International Lifestyle Migration in the Andes of Ecuador: How Migrants from the USA Perform Privilege, Import Rurality and Evaluate Their Impact on Local Community", *Sociologia Ruralis*, Vol. 58, No. 1, 2018. Therrien, C., & Pellegrini, C., "French Migrants in Morocco: From a Desire Forelsewhereness to an Ambivalent Reality", *The Journal of North African Studies*, Vol. 20, No. 4, 2015; Armbruster, H., "Realising the Self and Developing the African", *German Immigrants in Namibia. Journal of Ethnic and Migration Studies*, Vol. 36, No. 8, 2010, pp. 1229–1246.

④ Howard, and W. Robert, "Western Retirees in Thailand: Motives, Experiences, Wellbeing, Assimilation and Future Needs", *Ageing & Society*, Vol. 28, No. 2, 2008, pp. 145–163; Butler, G. and S. Richardson, "Working to Travel and Long-term Career Dilemmas: Experiences of Western Lifestyle Migrants in Malaysia", *Tourist Studies*, Vol. 13, No. 3, 2013, pp. 251–267; Benson, M. & O'Reilly, K, *Lifestyle Migration and Colonial Traces in Malaysia and Panama*, London: Palgrave Macmillan, 2018; Fechter, Anne Meike, and K. Walsh, "Examining 'Expatriate' Continuities: Postcolonial Approaches to Mobile Professionals", *Journal of Ethnic & Migration Studies*, Vol. 36, No. 8, 2010, pp. 1197–1210; Green, Paul, "Mobility, Subjectivity and Interpersonal Relationships: Older, Western Migrants and Retirees in Malaysia and Indonesia", *Asian Anthropology*, Vol 14, No 2, 2015.

仅有极少量的研究关注在中国台湾、香港和上海的欧美移民。① 在这些研究中，后殖民主义与新自由主义成为探寻优势生产与再生产的纵横线索。

一 后殖民主义语境中的优势生产

后殖民主义聚焦殖民主义及其留下的遗产。它不只是将目光锁定在殖民与被殖民的国家之间，而是将殖民时代所形成的南北差距、国际关系，甚至是社会心理，放置到当下的情景中来审视。殖民主义时代已经结束，但"权力的殖民性"（coloniality of power），以及"知识的殖民性"（coloniality of knowledge）还在传递着殖民时期的影响。②

西方移民所拥有的优势，正是殖民主义时代造就的全球种族等级——白人优先，与西方文化的优越感所交织遗留的产物。优势在迁徙者的行囊中塞入了社会与文化资本，使其迁徙之旅具备高度的灵活性和自由度。当移民到达目的地时，他所面对的是不被歧视，甚至往往被高看的友善社会氛围。更为重要的是，他们虽然身居彼地，却拥有不必融入当地社会的选择权。③

早期研究者在分析欧美移民迁徙的动机时，将其默认为是有充分选择和掌控权的能动者，视之为文化移民。早在1964年，就有学者

---

① Lansupa/Supsup */Sup, Pei-Chia, "White Privilege, Language Capital and Cultural Ghettoisation: Western High-Skilled Migrants in Taiwan", *Journal of Ethnic & Migration Studies*, Vol. 37, No. 10, 2011, pp. 1669 – 1693; Leonard, P., "Old Colonial or New Cosmopolitan? Changing White Identities in the Hong Kong Police", *Social Politics: International Studies in Gender, State & Society*, Vol. 17, No. 4, 2010; Leonard, P., "Organizing Whiteness: Gender, Nationality and Subjectivity in Postcolonial Hong Kong", *Gender, Work & Organization*, Vol. 17, No. 3, 2008; Leonard, P., *Expatriate Identities in Postcolonial Organizations: Working Whiteness*, NY: Routledge, 2016. Farrer, James, "From 'Passports' to 'Joint Ventures': Intermarriage between Chinese Nationals and Western Expatriates Residing in Shanghai", *Asian Studies Review*, Vol 32, No. 1, 2008; Farrer, James, " 'New Shanghailanders' or 'New Shanghainese': Western Expatriates' Narratives of Emplacement in Shanghai", *Journal of Ethnic and Migration Studies*, Vol. 36, No. 8, 2010; Farrer, James, *International Migrants in China's Global City The New Shanghailanders*, NY: Routledge, 2019.

② Mignolo, D., "Intoduction Coloniality of Power and De-colonial Thinking", *Cultural Studies*, Vol. 21, No. 2-3, 2007, pp. 155–167.

③ Croucher, S., "Privileged Mobility in an Age of Globality", *Societies*, Vol. 2, No. 1, 2012, pp. 1–13.

指出寻找自然与文化资源是中产阶级及精英迁徙的根本动力，应从文化来理解其迁徙动机。[1] 北—南迁徙也被看作基于特定文化主题的一种优势消费。劳伦斯·莫斯（Laurence Moss）发明了"舒适性移民"（amenity migrants）一词来凸显迁徙者的文化偏好。在他看来：舒适性移民流动的目的，是寻找有质量的生活环境和异域文化，尤其是追逐山地之美，以及当地和谐的风土民情。他们中的很大一部分人秉持反城市化、环保主义和自然主义思想，追求特定生活风格，对休闲有更高诉求。就像有的人更需要消费城市市场的商品一样，有的人需要消费的是文化和自然风光。他们希望以一种民族志文化生活的方式生存，以打破全球文化消费的同质性，在迁徙中寻找清新的空气、田园文化与内心宁静。[2] 除了莫斯，米凯拉·本森（Michaela Benson）与凯伦·欧赖利（Karen O'Reilly）也提出了"生活方式移民"（lifestyle migrants）的概念，来指那些相对富裕的个体，以全职或临时工作的形式，通过短期或长期迁徙的方式，到达特定的地点，选择过一种与过去完全不同的生活。向南迁徙，是他们在追求"更美好的生活"（better life）过程中，所做出的明智与可行选择，[3] 亦是西方社会进入去工业化时代之后，个体追求自然人文精神世界的行动。他们对曾被殖民或欠发达地区充满异域想象，通过迁徙抵达理想之地。[4]

欧美优势是具有种族烙印的，殖民主义时代造就的"白人声望"并未消逝。很多研究者都发现发展中国家的居民通常会将"西方人"等同于"白种人"[5]。因此，在讨论西方侨民的优势身份时，现有研究也多围绕欧美白人在迁徙地的实践展开，而西方其他种族移民的海

---

[1] Perloff, H. and L. J. Wingo, *Natural Resource Endowment and Regional Economic Growth*, 1964, pp. 215-239.

[2] Moss, L., Moss, *The Amenity Migrants: Seeking and Sustaining Mountains and Their Cultures*, CABI, 2006.

[3] Michaela, et al., "Migration and the Search for a Better Way of Life: A Critical Exploration of Lifestyle Migration", *Sociological Review*, Vol. 57, No. 4, 2009.

[4] Korpela, M., "A Postcolonial Imagination? Westerners Searching for Authenticity in India", *Journal of Ethnic and Migration Studies*, Vol. 36, No. 8, 2010, pp. 1299-1315.

[5] Fechter, A. & Walsh, K., "Examining 'Expatriate' Continuities: Postcolonial Approaches to Mobile Professionals", *Journal of Ethnic & Migration Studies*, Vol. 36, No. 8, 2010, pp. 1197-1210.

外生活经历，尚未被放置在优势视角下进行研究。

二 新自由主义下的"地理套利"

北—南迁徙，还被视作在新自由主义盛行之下，个体劳动者身份的转变，以及主体性的重塑。20世纪80年代以来，在新自由主义者的倡导下，增强"劳动力市场弹性"（labour market flexibility）成为富裕国家和新兴国家的策略，却也导致了大量的民众因为工作、职业和技能分工的弹性，生计和生活都呈现出不稳定的特征。来自发达国家自身的社会经济，以及就业图景的变化，使研究者开始重新审视全球劳动力结构。

经济学家盖伊·斯坦丁（Guy Standing）通过《不稳定无产者：新危险阶层》（*The Precariat: The New Dangerous Class*），指责全球化使越来越多的人沦为非稳定者，非稳定者正成为全球一个新兴的社会阶层。[1] 与此同时，在欧美劳动力市场上，年龄偏大的人群还面临着更大的失业压力。以美国为例，美国劳动力市场的趋势表明，2007年底开始的金融危机，使55岁以上的男女失业率都出现了历史性的上升，导致了美国老年人的经济困难。[2]

西方社会就业结构中的变化，使学者们不再只是强调欧美移民迁徙的文化动机，转而重视他们作为劳动力移民、经济移民的身份。进入新自由主义时代，曾经能够依靠国家福利和社会服务的发达国家公民，现在必须进行自我管理，单独获得资本、资源和信息，才能更好地生存。[3] 2004年，《福布斯》杂志发明了"地理套利"（geographic arbitrage）一词，用于描述欧美移民透过地理上的流动，从高成本劳动力国家来到低成本的劳动力国家，消费当地的廉价劳动力、商品和服务，从而收获物质上的幸福，精神上的满足感。加拿大社会学学者马修·海耶斯（Matthew Hayes）将"地理套利"引入学术研究中，

---

[1] Standing, G., *The Precariat: The New Dangerous Class*, London: Bloomsbury Academic, 2011.

[2] Gambold, L., "DIY Aging: Retirement Migration as a New Age-Script", *Anthropology & Aging*, Vol. 39, No. 1, 2018, pp. 82-93.

[3] Ong, A., *Neoliberalism as Exception Mutations in Citizenship and Soveignty*, NC: Duke University Press, 2006.

他认为:"地理套利"是在发达国家劳动力市场上不具备优势者,特别是那些接近退休或已经退休的人群常常采用的"一种新的跨国能动形式"。"套利"体现的是全球劳动力分工的不平等格局。在迁徙地,发达国家的公民可以轻而易举地找到高收入工作,或者即使不工作,也能生存下来。退休移民之所以愿意迈开腿,是因为他们可以透过迁徙,改变他们在原籍国处于社会中下阶层的局面,实现社会经济地位的提升。这是应对发达国家退休保障减少、福利消减趋势的一种策略。①

三 情景中的优势身份实践

后殖民主义与新自由主义交织的历史和现实背景之下,欧美移民所拥有的优势是结构化的、实在的,也是情景化的。② 它通过一个个迁徙故事,在具体的在地场域中或再生产,或被重塑。北—南迁徙现象还是西方个体主义在全球化大时代中的行动体现。迁徙者的动机复杂多元,"舒适性移民"和"生活方式移民"的概念打破了旅行、休闲和迁徙之间的边界,提示我们要理解迁徙者自身在生命历程中对于归属感、地点和身份的动态体验。"地理套利者"则揭示了欧美发达国家自身就业市场转变下,个体将优势流动作为应对社会转型的策略。因此,尽管优势客观存在,不同的迁徙者对它的理解,以及实践它的方式不尽相同。

目前,学者们的研究普遍认为:在新的栖息地,西方迁徙者还是生活在属于欧美人的小圈子里,用一道隐形的藩篱,将他们与本地族群隔离开来,从而维持以及感受他们的优势。安娜-麦克·费希特尔(Anne-Meike Fechter)的论文《生活在气泡中:侨民的跨国空间》(*Living in a Bubble: Expatriats' Transnational Space*)是最具有代表性的研究。她指出在印度尼西亚雅加达,欧美侨民实际上是生活在"侨民气泡"(expat bubble)中——这个"气泡"是悬浮的,因为他们享

---

① Ciobanu, R. O. & Hunter, A., "Older Migrants and (Im) mobilities of Ageing: An Introduction", *Population, Space and Place*, Vol. 23, No. 5, 2017.

② Rodriguez, J. K., and M. Ridgway, "Contextualizing Privilege and Disadvantage: Lessons from Women Expatriates in the Middle East", *Organization*, Vol. 26, No. 3, 2018.

受着当地人为他们提供的全方位优质服务，而不用与其接触交流，因此有一种不真实感。"气泡"还隐喻他们所拥有的独立的，专属于他们自己的微气候世界——无论是在居住的位置，还是在社会文化上，他们都与印度尼西亚当地社会保持双重距离。① 斯特凡·柯德尔（Stefan Kordel）等通过对美国生活方式移民在厄瓜多尔的观察，也认为：美国侨民与当地人的关系仅限于功利性的互动，他们更多地还是保持与其他美国人的社交往来，于是在侨民与当地人之间，社会隔离和平行社会出现了，美国侨民通过群体内部的深度交往，维护侨民社区的优势。②

也有学者认为，由于欧美移民崇尚个人主义，且是具有反思性的个体。因此，当一部分人继续沉浸、延续和巩固殖民主义时期留下的优势时，也有人想要切断和颠覆这种联系。米凯拉·本森就指出一些抵达巴拿马的北美移民，试图邀请当地人到自己的家中做客，教他们英语，甚至会以捐助者、赞助人的形式参与到本地慈善事业中。但她依然认为，这种对本地事务的参与，利用的依然是他们的优势。虽然他们提高了当地一些人的生存条件，但优势始终作为一种结构，贯穿于他们的在地实践中。③

还有研究者注意到优势之下移民颓靡的生活方式，及其带给当地人的不良印象。透过对中国台湾地区欧美外教的调查中，蓝佩嘉指出：他们拥有的优势其实是一把双刃剑，使他们生活在一种"文化隔离"（cultural ghettolization）之中。欧美移民拥有相对高的收入，和本地人没有社交往来，很多人沉迷于聚会和酒精之中，被当地人视为"漂泊的失败者"（drifting losers）④。

---

① Fechter, M., *Living in a Bubble: Expatriates' Transnational Spaces*, Berghahn, 2007.
② Kordel, S., & Pohle, P., "International Lifestyle Migration in the Andes of Ecuador: How Migrants from the USA Perform Privilege, Import Rurality and Evaluate Their Impact on Local Community", *SociologiaRuralis*, Vol. 58, No. 1, 2018.
③ Benson, M., "Negotiating Privilege in and Through Lifestyle Migration, in Benson", M. & Osbaldiston, N. eds, *Understanding Lifestyle Migration Theoretical Approaches to Migration and Quest for a Better Life*, NY: Palgrave Macmillan, 2014, p. 65.
④ Lan, P.-C. White Privilege, "Language Capital and Cultural Ghettoisation: Western High-Skilled Migrants in Taiwan", *Journal of Ethnic and Migration Studies*, Vol. 37, No. 10, 2011, pp. 1669-1693.

另有一些西方学者关注欧美侨民在中国大都市中的生存状态。保利娜·伦纳德（Pauline Leonard）以回归后的香港为观测点，指出：对于新到香港的外国人，殖民主义时代种下的"古老优势"，已难以在其工作和生活中发挥作用。① 从20世纪90年代以来，美国学者詹姆斯·法勒（James Farrer）一直对上海的西方侨民开展研究。他认为：尽管一些早期便迁徙至上海的老侨民依然对他们的"阶级和种族"优势身份十分在意，但新一批到达上海的西方人，却已经难以体会这一优势身份了。在上海这个全球化的大都市中，他们只能作为政府和市场所需要的高技能人才，才能获得更好的生存机会。他们不是这座城市的主角，而是边缘化的人群。他还指出，对于西方移民在上海的研究，再使用后殖民主义的透镜，已不恰当，应将研究置于上海这个特定的跨国本地化场域中。②

还有一些研究者观察到西方移民在发展中国家职业的转变。近年来，一些研究者提出了"侨民企业家"（expat-preneurs）的概念，专指北—南迁徙者，在新的国度通过经营一门生意而转变为企业家。"侨民企业家"区别于离散人群，以及发展中国家移民通过在异国奋斗，所成就的族裔企业家（ethic entrepreneurs），或移民企业家（immigrant entrepreneurs）角色，他们之所以成为企业家，并非受生计所迫，他们不是"必须型企业家"（necessity entrepreneurs）。而造成这种差异的根源，正是来自他们在发展中国家享有的优势。③ 研究者还认为，目前有关跨国移民企业家的理论，如劣势理论，文化研究、中间人少数族裔理论，互动模式、混合嵌入理论，以及社会网络理论，针对的都是从发展中国家向发达地区迁徙的移民企业家，对于侨民企

---

① Leonard, P., "Old Colonial or New Cosmopolitan? Changing White Identities in the Hong Kong Police. Social Politics: International Studies in Gender", *State & Society*, Vol. 17, No. 4, 2010.

② Farrer, J., *International Migrants in China's Global City The New Shanghailanders*, NY: Routledge, 2019.

③ Vance, C. M. et al., "The Expat-Preneur: Conceptualizing a Growing International Career Phenomenon", *Journal of Global Mobility: The Home of Expatriate Management Research*, Vol. 4, No. 2, 2016.

业家的研究，在理论与经验研究上都远远不足。[①]

现有研究都主张审视北—南移民的能动性，要重视全球历史和经济带来的种族和劳动力的不平等结构。但这些研究大都是由西方学者对西方侨民发起的反思性研究。虽然也有少量来自移民目的地的本土学者，如蓝佩嘉尝试对外来的他者进行剖析，但她也对自己身处社会的发展变化重视不足，未将移民接收国自身发展的变化，视为影响优势移民实践的结构性力量。也就是说，现有研究在认识北—南移民所处的跨国结构和能动性施展时，对本地社会之转型，本地居民与外来者的互动未有足够重视。大多数对北—南移民的研究，依旧停滞在"文化隔离"的层面上，处于一种西方人顾影自怜的状态中。

中国社会的快速发展，不仅使中国人自身的生活发生着翻天覆地的变化，也促使来华移民进入一个后优势时代——发达国家持续面临经济和社会危机，与中国社会处于相对稳定的发展状态对比之下所形成的新跨国情景。它使来华移民的生活方式更为复杂，增加了更多可能性。作为具有反思态度的群体，西方移民能够敏锐地觉察到跨国情景的变化。他们的生活也会就此做出调整。所以他们在特定社会的状态和身份都不是静态的，面临转变的可能。我们需要一次次深入田野，深入移民个体的生命历程中，去检视全球化、地缘政治变动，地方社会发展对他们日常生活中的影响与塑造，以及他们如何应对这些具体的变化。从中才可能发现他们新身份的创造过程，并获得尝试理论阐释的契机。

第二节 研究欧美移民在西南：情景与方法

一 西南城市昆明的对外吸引力

早在 20 世纪 40 年代，对照云南三村与江村的转型，费孝通就指

[①] Girling, R. & Bamwenda, E., "The Emerging Trend of 'Expat-preneurs': A Headache for the Pre-existing Ethnic Entrepreneur Theories", *Sosyoekonomi Journal*, Vol. 26, No. 38, 2018.

出中国现代化的过程是从东部到西部，沿海到内地。在中国所经历的"三级两跳"现代化过程中，东西部的差距一直存在，要在多元一体的格局下审视中国社会。① 与法勒开展西方侨民在华研究的田野点上海不同，无论是从经济发展的方式、城市建设、常住外国人口的数量等指标来看，昆明还不是一个标准意义上的全球化大都市。在访谈欧美移民时，我也曾一再询问他们对于昆明的城市定位，受访者大都认为：昆明虽然发展很快，但与他们理想中的国际化（全球化）的大都市仍有距离。

我赞同詹姆斯·法勒对西方移民所处场域的强调。昆明虽不是全球化的大都市，但对于欧美人来说，却拥有独特的魅力。2007年，一位我访谈的美国人，曾通过细分欧美移民在中国居住的诉求，来定位不同的城市。在我和他交流过后，他在旅昆日记中这样写道：

> 昆明气候宜人，拥有一个联系紧密的外国人社区，生活便利且消费水平不高，拥有世界主义的文化和良好的区位……倘若是一个雄心勃勃的商人，昆明发展缓慢的步伐和机会的匮乏，也许会让人窒息；倘若一个人只想生活在中国，不想碰到太多其他外国人，也不会爱上这里。

21世纪初，莫斯观察到一些喜欢山地风貌的舒适型移民将位于红土高原的昆明及其他云南城市，与泰国北部的清迈地区和马来西亚的卡梅伦、老挝的琅勃拉邦、越南的达拉和萨帕等地作为其迁徙亚洲的选择。虽然这些地区经济发展程度不高，但却能满足西方迁徙者对于生态和文化的诉求。②

与国内其他大城市相比，昆明具有独特的自然地理资源，包括：宜人的气候、良好的生态环境、优质的空气、独特的山地地貌，还有处于连接南亚、东南亚的地缘位置。美国人类学家那培思（Beth

---

① 费孝通：《经济全球化和中国"三级两跳"中的文化思考》，《中国文化研究》2001年第1期。

② Moss, L., Moss, *The Amenity Migrants Seeking and Sustaining Mountains and their Cultures*, Oxfordshire: CABI, 2006.

Notar）通过对距离昆明339千米的大理调查，指出大理虽然并非国际化大都市，但身处边疆的区位、地方历史，以及旅游业等因素融合之下，也杂糅出了世界主义的特质。① 这种特质在昆明同样存在。整个云南地处边疆，历史上与湄公河国家的民间跨国交往从未中断，加之多元的族群文化，为昆明这座省会城市注入了包容的人文氛围。19世纪末20世纪初，与云南毗邻的老挝、越南和缅甸都被法国或英国殖民者占领，殖民主义者的影响力，透过边境线渗透到云南。1910年由法国殖民者出资修建的滇越铁路就是其留下的遗迹。第二次世界大战期间，美国空军飞虎队曾于1941年至1945年在昆明设立总部，与地方当局和民间人士展开了深度交往。20世纪70年代，旅游业在欧美等国兴起，在最早出版的自助旅游书籍《孤独星球》系列中，也有专门介绍云南昆明。1999年，以"人与自然——迈向21世纪"为主题的世界园艺博览会在昆明成功举办，这是中国举办的首届专业类世博会。世博会极大提升了昆明在国际上的知名度，自助背包客与旅游团队从世界各地纷至沓来。

二 回望他者

2020年4月，因为参与昆明市一个建设国际化社区的项目，我开始对在昆常住外国人展开访谈。基于10多年前访谈在昆欧美外国人的经验积累，我透过三条路径获得受访者：一是通过访谈原本认识的在昆外籍友人，并以他们为中心，以滚雪球的方式，访谈其他外国人；二是在一家由在昆外国人开办的网站Go Kunming上，发布英文广告，招募自愿受访者；三是经由昆明市外办介绍，访谈一些与官方开展合作的外籍人士。

在初步选择访谈者时，我并没有区分受访者的来源国。但由于招募广告是在以欧美人为主的本地英文线上社区发布，因此获得了更多来自欧美的自愿访谈对象。从2020年4月至2021年1月，我共访谈了36名欧美移民，他们来自美国、加拿大、英国、法国、西班牙、

---

① Notar, B., "Producing Cosmopolitanism at the Borderlands: Lonely Planeteers and 'Local' Cosmopolitans in Southwest China", *Anthropological Quarterly*, Vol. 81, No. 3, 2008.

荷兰和瑞典。访谈过程中，我请他们描述了个人的流动经历、迁徙至昆明的动机，询问了他们的家庭背景、学历情况，在昆明的日常工作和生活、社会交往方式，人际网络构成，还有个人价值观及未来的生活规划等方面的具体问题。在近 8 个月的时间里，我还深入他们经常活动的咖啡馆、酒吧、餐厅等实体场所，与 Go Kunming 这个开放的虚拟场域进行参与式观察。

根据昆明市公安局提供的数据，我发现昆明市的外籍人口中，排名第一的是亚洲国家的移民，紧随其后的就是欧美移民。受到疫情的影响，在昆的欧美常住人口总数并不多，但受访者在昆明居住的时间都超过了 12 个月，还有 6 位受访者从 20 世纪 90 年代起就在昆明常住。与北上广深等国内超大城市相比，昆明并没有太多大型跨国机构，昆明的欧美移民也多为自发型迁徙者，他们不是在全球化大都市中谋生存的世界主义公民，更贴近"舒适型移民"和"生活方式移民"的描述，是集冒险者、观光客、暂居或旅居者、自由职业者等多重身份交织的一个群体。他们中有仍在高校读书的留学生，有从事外教或艺术行业的工作者，也有在本地开办餐饮、酒吧、外语学校和外贸公司的侨民企业家，还有处于退休或半退休状态的旅居者。访谈对象中有男性，也有女性，有白人，也有其他有色人种。受访者具有来源区域一致，在地身份杂糅的特征，这也为观察优势的多元交织性提供了契机。在访谈这些传统视角中的优势移民之时，我也访谈与他们有着密切往来的中国人，还访谈到大量来自南亚、东南亚，以及俄罗斯、巴西和哥伦比亚的移民。这些访谈也成为分析移民优势弹性的重要资料来源。

与受访者交流的过程中，我也曾遭遇过来自本土身份的困境：由于项目有本地政府资助的背景，因此在向受访者介绍时，一些受访者对此怀有警惕，甚至有人怀疑我是间谍，拒绝访谈。还有访谈者担心个人隐私泄露，而犹豫是否接受访谈。但扎根本土的优势也由此凸显，我有足够长的时间，与他们建立长期稳定的联系，打消一部分受访对象的疑虑，并有机会与他们反复沟通，参与到他们的日常交往中去。

鲍勃·皮斯（Bob Pease）曾指出：与社会科学对于受压迫的底

层群体的研究相比，学界对精英阶层优势的"向上研究"（study up）还远远不够。① 在本书中，透过本土人类学视角，我有机会长时间地凝视国内研究较少关注的欧美"理想型移民"，观察来到我们生活情境中的"完全的他者"（radical others），是对"向上研究"的一次实践尝试。

国际移民是时代转型的产物，进入中国各个区域不同类型的外来者对于我们理解各地的发展与开放都是难得的线索。法勒认为，在今日之上海，再用后殖民主义语境对欧美移民进行研究，业已过时。② 但对于身处西南城市的西方人而言，他们在欠发达地区的经历，却能为我们提供另一个样本。为我们审视优势的相对性，积累了重要素材。

第三节 弹性的优势及其天花板

在中国西南，欧美人仍享有一定的优势。这种优势具有空间性、弥散性和限制性三重特征，我称其为"弹性的优势"。它与后殖民主义语境仍有一定的承接性，但更应放置在地方社会的发展中来审视。

地缘与经济发展的双重边陲性，导致中国西南地区城市的国际化程度不充分。地方发展的相对滞后，与国家主导的对外开放导向，既给地方政府的国际化工作带来了压力，还催生了本地居民迫切体验全球文化和消费产品的渴望。可以说，同国际接轨是从地方政府到民间都积极参与的行动。加之跨国职业中介机构所搭建的全球招聘网络，使很多欧美移民在动身来到此地之前，已经通过中介，找到了工作。只不过，工作的类型主要是担任教授外语的外籍教师。在我的访谈对象中，外教，几乎是他们最早抵达昆明时，都会选择的职业，目前有很多人也仍在从事这一工作。他们将外教当作在本地站稳脚跟的

---

① Pease, B., *Undoing Privilege Unearned Advantage in a Divided World*, London: Zed Books, 2010, p. 7.

② Farrer, James, *International Migrants in China's Global City The New Shanghailanders*, NY: Routledge, 2019, p. 199.

策略。

与中国其他城市一样，在云南无论是公立学校，还是私立学校，外教的占比都是体现学校师资力量中的一个重要指标。对英语学习的热情，覆盖了从低龄儿童到成年人各个年龄段的群体。昆明以及云南其他城市对于教授英语等外语的外教有着巨大需求。庞大的外教劳力市场，促使各种全国连锁、区域连锁，以及本地语言培训机构孕育而生。但与北上广等大都市相比，昆明外语培训市场的管理依然十分不规范，对于外教的资格认证缺乏相应的标准。

地方社会不充分的国际化，外语教学市场的欠规范，即使到了21世纪的20年代，很多不具备语言培训资质的欧美人也能进入本地教学机构中，获得与本地居民收入相比更高的收入，从而轻松安顿下来。可以说，当欧美外籍人士想要在中国东部城市就业和生存，面临的门槛越来越高，优势空间不断萎缩之时，在西南地区，他们仍然享有相对更多一些的优势，这就是优势的空间性。中国社会地域发展的不平衡，带来的"优势差距"既使一部分外国人，在从原籍国出发时，就选定了昆明，也使一部分在东部大都市面临生存压力的外国人在中国国内，进行二次迁徙，从东部迁徙至西南。

美国女孩朵拉就是在北京工作多年后，通过中介觅得昆明一家国际中学的教职后，离京抵昆的。在她看来，和北京相比，昆明低廉的房租，让她获得了太多的幸福感。在这里她每月只用花费不到2000元便能租到市中心二室一厅的公寓单独居住，这对于不希望私生活被打搅的她来说，是一件完美的事。

外教劳动力市场的强大需求，引发了外教就业优势的弥散。由于大多数本地人对外来者的种族印象依旧是模糊的——易在白人与母语为英语者之间画上等号。教育机构利用消费者的"种族刻板印象"，聘请了很多来自欧美非英语国家的白人，或肤色较浅的外国人从事英语教学，尤其是在对低龄儿童的英语教学中，这一现象更为普遍。在调查过程中，我不仅结识了教英语的西班牙人和荷兰人，还访谈到了在这里曾经或正在从事英语外教工作的俄罗斯人、巴西人以及哥伦比亚人。他们要么是白人，要么是拥有欧洲血统的拉丁美洲人，例如西班牙后裔。种族身份带给了他们从事外教的机会。

俄罗斯人维克多 14 岁便同母亲来到中国，先是在新疆，之后又到中国其他几个城市待过。其间，他向在中国的欧美人学会了英语，之后便做过一段时间英语外教。巴西人爱德华幼年随父母从巴西迁徙至美国北加州的一个小镇生活。成年之后他曾旅居巴西和墨西哥，来到昆明后，也是从事英语外教的工作。哥伦比亚人詹妮弗曾在美国短暂留学，之后返回哥伦比亚一所专科学校工作。2019 年她通过网上中介，找到了一份在昆明某中学做英语外教的工作，便于当年 9 月带着只会讲西班牙语的丈夫和女儿一起来到昆明。她说：

> 如果没有在美国学习的经历，我肯定没有办法来昆明找到工作。这里的收入很高，我每月有 1 万多元的薪水，可以养全家。昆明的公共交通和生活设施都十分方便，我们适应得很快。我工作的环境里，大家都只把我当作教英语的老师，没有太多人关心我来自哪里。在他们看来从哪里来都差不多。

地方对外教人力资源的市场诉求，一定程度上打破了南—北界限，使一些非西方发达国家的公民，利用他们的种族特征与国际化教育或流动背景叠加的优势，也进入外教劳务市场中。相较之下，肤色较深的，特别是非裔血统的欧美人在这个市场中，面临的压力却要大得多。杰瑞是有一半非裔血统的美国人。2018 年，他通过猎头公司找到了在一家儿童英语培训机构做外教的工作。谈及在昆明工作的经历，他说：

> 在昆明长水机场，我第一次与校长见面时，她指着我紧密卷曲、具有非裔特征的头发，开口就问我："你真是美国人吗？我从没见过美国人长这样的头发。"那一刻，我感觉被冒犯了。在学校教英语的过程中，我发现有的同事来自欧洲，他们的母语不是英语，没有英语培训资质，发音也有问题，但却和我拿一样的报酬。而我来自说英语的国家，大学的专业也是英语教学，却要花更多的努力，才能在学校证明自己。我是我们学校唯一一个非白人的外教。学校校长经常以此来表明自己没有种族歧视。但事

实上，如果是一个纯正的非裔美国人，哪怕他具有做英语外教的所有资质，想要在一所儿童语言培训机构中找到工作，也是很难的。学校认为白人外教更能迎合家长的想象。

就业上的优势，为欧美人提供了相对于本地生活成本而言，较高的收入。他们的生活水平普遍高于大部分本地居民。这也使很多来自原籍国中下阶层的欧美人，通过由北向南的迁徙，在本地获得了阶层的提升。英国人斯宾塞就向我坦承：

> 我不认为大部分在昆明的欧美人是精英。确实我们中的很多人都有大学文凭，但在这里你碰到真正精英的机会要远远少于在北京或者伦敦。以我自己来说，我来自英国一个普通的中下层阶级家庭。我在伦敦一家媒体工作时，常与精英打交道，但我不是他们中的一员。当我来到昆明后，我开始感觉到自己有些像是精英了——一个白人，英语为母语，找到一份薪水丰厚的外教工作。与我的中国同事相比，我的收入比他们高太多太多了。如果我当专职教师的话，我的收入可以是"普通"昆明人的两倍。即便是那样，我每周工作的时间仍要比他们短得多。

欧美人在昆明的优势不仅体现在就业与收入上，还一定程度上延伸到他们的日常生活中。一些欧美人不吝于使用优势，以方便自己在本地的生活。来自北欧的西蒙告诉我，他很喜欢骑摩托车。但是昆明市的法律规定摩托车不能进入二环及相关特定区域范围内。但为了出行方便，他有时不得不越界，将摩托车骑上二环高架桥。有几次被交警拦下来，他就脱下头盔，看着交警，装作初来乍到，听不懂，也不了解本地法规的样子。交警看到之后，每一次都只是警告一下，就将他放走。

西蒙不是唯一一个谈到利用白人外来者身份，轻微逾越本地法规的受访者。但比较 2007 年的调查，欧美人在中国西南城市享有的优势空间正在不断地被压缩。在抵达之初即拥有就业与生活优势的欧美人，不用多长时间就会发现他们享受的优势并非毫无边界。优势顶部，有一个看不见的天花板，它的高度正不断下降，压缩着欧美人享有的优势空间。中国经济与社会的持续发展，是这个下沉的天花板形成的根本原因。

尽管与当地普通居民相比，欧美人依然是相对富裕的群体。但城市中的新中产阶层也正在崛起，欧美移民不再是城市里唯一的富裕者。富裕起来的城市居民，积极参与到全球化实践中，他们中不乏出国接受教育，或者拥有国外旅居经历的人。在改革开放的进程中，整个中国社会从"苦行者社会"进入"消费者社会"[①]。居民休闲消费市场的建构，与地方的城市化进程形成了合力，致使欧美外籍人士建立的"侨民气泡"，面临着消融的可能。

2007年，我曾询问一位来自美国的受访者，在昆明生活是否遭遇过文化震惊（cultural shock），他告诉我：在昆明，他们拥有一个彼此联系紧密的侨民社区，这个社区能够供给他喜欢的食品与喜欢的社交活动。因此，虽然身处大洋彼岸，他并没有离开熟悉的环境。

这一次，几位在20世纪90年代末就到达昆明的受访者向我仔细描绘了那个"侨民气泡"是如何建构起来的。20多年前，欧美人主要是以留学生或大学外教的身份来昆旅居，而昆明的高校主要集中在市中心的一二一大街附近。因此，临近的翠湖附近成为欧美人聚集的地方。他们在附近租住公寓，并在周边活动。彼时，昆明没有售卖外国食品的超市，没有比萨店，没有他们喜欢的酒吧。为满足自己的生活风格，他们只能自己开餐馆、酒吧，以满足小群体的需要。这也使一批欧美旅居者，成为昆明最早的侨民企业家。他们在环翠湖地带，逐渐建立起一小块具有西式餐饮和休闲文化特色的"飞地"。当时，并没有太多当地居民进入这些西式的餐厅和酒吧中消费，这些店最主要的客户就是欧美人自身。然而，随着昆明城市发展新规划的实施，在21世纪的第一个十年里，昆明高校的主校区陆续迁至了呈贡新区，城市的空间也在不断扩大。外国人工作的单位分散开来，他们的居住地也因此分散。那些曾经主要以欧美人为主的餐饮及周边产业，迎来

[①] 王宁：《从苦行者社会到消费者社会：中国城市消费制度、劳动激励与主体结构转型》，社会科学文献出版社2019年版。

了新的消费主力军——本地的居民。

当欧美企业家经营的餐厅、酒吧不再是欧美人独占的消费场域时，那个悬浮的"气泡"已经被撕开了口子。与此同时，整个中国社会，从政府部门到普通民众，也在不断反思、修正甚至颠覆改革开放以来给予欧美外国企业家、各类来华人士的"超国民待遇"。来自公安部门对常住外籍人口签证类型的严格管理，使他们很难像从前一样，以旅居者的身份在本地久居。"去除对外国人的优待"成为一种国民情绪，并在双方的交往中呈现。加之新冠疫情期间，地方政府和民间对外来者的强化管理，进一步挑战了欧美人在日常生活中不被打扰的优势。几乎每一位受访者都谈到了疫情期间，他们遇到的各种"麻烦"。美国人迪伦讲到自己有一次去体验一家新开的健身馆。但因为优惠券使用的问题，和老板发生了争执。原本只是普通的消费纠纷，但老板却对他说："我们这里对所有人都一视同仁，外国人在这里没有超国民待遇。"这让他十分无奈。

一方面，地方社会自身的发展转型，促使外国人想要蜷缩于"侨民的气泡"中孤独生存变得越来越难；另一方面，尽管欧美人在昆明从事外教的机会很多，但工作类型过于单一，从事其他工作的机会却很少。访谈中，那些已不再从事外教职业的受访者，会主动地将自己与从事外教的群体区分开来。外教工作是欧美人享有的普遍职业优势，却也成为欧美群体内部的一条隐形分界线。一些不从事，或改行不再从事外教的欧美人，对仍在从事外教的欧美人总会有一定的成见。在他们看来，很多从事外教的人，依然生活在与本地社会脱钩的真空世界里。他们不思进取，终日酗酒玩乐，有损于欧美人在中国的形象。

美国人格里森在疫情之前主要从事中美两国的医疗旅游中介业务。在他看来，在昆明从事外教的欧美人，过着一种"半退休方式"（semi-retirement style）的生活，他们一周就上十来节课，收入足够维持其在昆明的生活开销，但不温不火，赚不了大钱。这种状态适合一部分欧美人，但不是全部。但想在这里找到一份既能真正展现自我才能，又能在收入上得到肯定的工作，太难了。他举例说：

我有一位朋友获得了密歇根一所大学的语言学博士学位。几年前他曾想在云南定居。这里一所高校向他提供了教职。但薪水太低，和那些连学士学位都没有的（欧美）人在私立幼儿园教书的工资差不多。这让他很有挫败感，所以他最终选择离开了昆明。

中国区域发展的不平衡使欧美人在西南地区依旧享有弹性的优势，然而优势的天花板也清晰可见。面对有限的优势，欧美群体内部出现了分化，他们不再都是隔离于本地社会的优势移民。当一部分欧美人仍固守于看不见的"侨民气泡"里时；另有一些人因为优势的流失，或职业上升遭遇的瓶颈选择离开本地；还有一些人则主动选择抛弃优势式的生活方式，与本地社会交融，以此获得新的发展资本。

第四节 跨国"摆渡人"策略及其价值所在

来昆明的欧美人，多为自发性迁徙者，他们没有公司机构可以庇护在异国的生活，只能靠自己。成为跨国"摆渡人"正是欧美移民为应对优势危机，而主动采取的一种身份转变策略。"摆渡人"身份的实现需要较长的在地时间累积，一个初来乍到的欧美人是无法成为"摆渡人"的。只有当其主动脱离旅居者、探险家、观光客，以及自我隔离的优势移民身份，转而积极融入本地时，才有可能成为"摆渡人"。因此，可以说跨国"摆渡人"首先是欧美移民一种自发性的心理转变机制，随后透过其在跨国在地空间中的实践得以塑造。

跨国"摆渡人"与本地社会深度接触，具备较高的中文沟通能力，甚至精通地方方言，拥有丰富的，或专业的地方社会和文化知识。他们或通过自身拥有的国际文化资本，面向本地居民开办企业，以期在本地市场获利；或与地方政府，又或民间特定群体建立了较深的人际或业务网络；或深度挖掘本地文化资源，向西方世界推广。与那些仅凭借发达国家公民身份、母语或种族优势，未摆脱优势思维的欧美人不同，丰富的本地知识是成就"摆渡人"身份的重要资本。

从事餐饮及文化产业的欧美侨民企业家，是最有可能成为跨国"摆渡人"的群体。企业的盈利导向赋予了他们对市场，甚至是对社会结构变化的洞察力。这使他们更愿意走出具有封闭特征的族群网络，转而主动融入更具潜力、更广阔的本地跨国空间中来。当我向经营"萨尔瓦多"的范小林提及一些欧美人曾将他的西餐厅视为"国际人士的服务站"时，他并没有完全接受这个评价。他解释了"萨尔瓦多"从一家面向西方人的餐厅向一家植根于本地的餐厅转变的过程。

> 10多年前，我们刚在昆明开店时，确实如此。那时来店里的主要是外国人。大家聚在这里，有很多话题，也常举办一些活动。这是我们彼此分享信息的一个地方。但是，这么多年过去，"萨尔瓦多"早就不是一个只属于外国人的餐厅。我们雇用的都是从云南边远农村出来务工的女孩。我们和她们组成了一个大家庭。
>
> "萨尔瓦多"引进了整个昆明第一台特浓咖啡机，我们是第一家提供手工冰激凌的餐厅。那时，我们很骄傲。可是，今天你知道我更骄傲的是——很多本地的小孩，他们吃着我们的冰激凌、比萨长大。当他们去外地甚至国外求学归来，总会再来我们这儿用餐。对他们来说，我们也是他们在昆明成长的记忆。我们还是昆明的网红餐厅，全中国各地的游客来到昆明，都会到我们店里来打卡。我觉得，这些比做一家只面向外国人的餐馆，要有意义得多。

英国人海曼在昆明经营着一家规模很大的酒吧，很受当地年轻人欢迎。他的话侧面阐释了成为跨国"摆渡人"的经济动因：

> 昆明常住的外国人不太多。现在如果你还是想着专门为他们开一家酒吧，那么你只能拥有一家很小的店面，你不可能把生意做大。而且他们很多人来到酒吧，常常只点一瓶啤酒就坐一晚上。想从他们身上赚多一点的钱，根本不可能。中国人有钱了，

他们也愿意来酒吧消费。我们的酒吧是为所有人开的，我们欢迎外国朋友，更欢迎本地朋友。

尽管企业家是最有可能转变为跨国"摆渡人"的群体，但也并非所有人都成了"摆渡人"。当范小林和海曼的店面从一家变为多家，在本地越来越具有知名度时，仍有一些欧美生意人还停留在欧美人的小世界中。在距海曼的酒吧不足一千米处，还有另一家店面很小的酒吧。我通过一位外教联系上了老板里奇。与我访谈到的大部分欧美企业家相比，他显得格外谨慎，一再叮嘱我确保他的隐私。同样是在2020年的8月，与海曼酒吧的门庭若市相比，这里显得格外冷清。里奇证实他酒吧的客人主要是欧美人，基本上都是熟客，生意不忙。他通常是白天做英语外教，晚上经营酒吧。与范小林和海曼不一样，尽管来到中国已有10年之久了，但里奇仍然不会讲中文，和本地人的交往也很少。

学界与"摆渡人"直接相关的概念，是"中间人少数族裔"（middleman minorities）概念，用于研究离散族群在目的国扮演的经济中间人角色，[①] 指的是离散族裔中的一部分人由于生活所迫，不得不在跨国族裔网络中从事诸如贸易、劳务中介、收租人、借贷人等特定产业的工作，通过在生产者与消费者、雇主与雇员、产权人与租赁者、精英与大众之间搭建桥梁，获取中间利益而生存。埃德娜·博纳契奇（Edna Bonacich）总结了"中间人少数族裔"的几个特点：一是他们从事的主要是投资不大的产业，具有较强的流动性；二是他们具有较强的族裔内部团结性，对目的国社会非常排斥——拒绝与本地通婚，在居住地、子女教育、文化坚守上，以及政治参与上都呈现出隔离的状态。[②] 故而，中间人少数族裔的连接活动，虽说是跨越了国界，却是局限于族裔内部的。由于他们并不确定自己未来的去向，所以对于他们身处的目的国社会，总是采取疏离的态度。

[①] Blalock, H. Jr, *Toward a Theory of Minority Group Relations*, New York: John Wiley, 1976, pp.79-84.

[②] Bonacich, E. A., "Theory of Middleman Minorities", *American Sociological Review*, Vol.38, No.5, 1973.

虽然都在跨国语境中承担了中介功能，但"摆渡人"和"中间人少数族裔"与本地社会交往的策略却是完全相反的。"中间人少数族裔"连接的是族群内部的关系，而跨国"摆渡人"却走出了相对封闭的移民社区。范小林和海曼是具有显著跨国"摆渡人"特征的企业家，而里奇更符合"中间人少数族裔"的定义。回望他们的个人经历，在成为企业家之前，他们都以旅居者的身份来到昆明，在地实践的过程中，面对普遍的优势与优势压缩的现实，他们做出了不同的策略。有的人依旧停滞在欧美移民社区内部，有的则将一只脚跨了出来。不可否认跨国"摆渡人"身份的形成具有自发性和功利性特征，但这一群体的出现，不仅是对移民社区本身，还是对本地社会都有着重要的意义。

早在2007年，我就访谈过乔伊斯。那时的他已经会说流利的中文，并与本地企业有着良好的合作。但我访谈到的另一些欧美人，却认为他"太中国"，已经不是"西方人"，难以接受他的很多观点。过去的10多年，我们失去了联系。2020年，乔伊斯已是本地一家艺术馆的经营者之一。在地方政府部门的推荐下，我再次访谈到他。与从前不同，他与本地社会的深度交往，获得了群体内部更多的认可。他甚至认为，这种深度融入，正是在昆明的西方人与中国别处的西方人的最大区别。

> 我们在昆明的很多（西方）外国人，与在其他大城市的外国人是不一样的。我们很接地气。我在很多城市遇到过的欧美人，他们都是大公司的派驻人员。来到中国后，找一个秘书，帮他们打理一切日常事务。他们不需要和当地人打交道。他们只是工作和消遣，对中国几乎一无所知。我们不一样，来到这里，一切都要靠自己。你知道吗？我应该是昆明第一个给电动单车上牌照的外国人。我去上牌照的时候，没有身份证，车管所没有办法输入我的信息。我和他们沟通了很久，后来通过昆明交警大队在后台给我录入，才办理了牌照。正是通过生活里每一件这样的小事，才让我们和这个城市有了深入的接触。也正是因为每个外国人来到这里，都会遇到相似的困难，所以我们内部特别团结紧

密，大家互相帮助。我们有很多微信群，还有 Go Kunming 网站。这些网络社区，成为大家信息交流的平台。我们中有很多中文很好的人，能够帮那些刚来的，或者不会中文的人和本地人进行沟通交流。如果要给我在昆明的工作和生活下一个定义，我想"本土国际化"是一个很好的概括。

一些研究者在总结北—南移民给予移民目的国的贡献时，提到"跨国中产阶级化"（transnational gentrification）现象，认为欧美移民通过开办西式餐厅、酒店等全球化消费场所，可以一定程度上推动地方发展。[①] 在我的调查中，多位受访者也谈到 20 世纪 90 年代末至 21 世纪初，外国人在昆明开办餐饮及周边产业的现象。但我认为，在昆明，过分夸大这种推动力是不恰当的。与其说推动，不如说欧美企业家把握了地方消费社会发育的契机，并参与到了其中。正是这种"参与"而非引导的角色，才让他们有机会实践跨国"摆渡人"的角色。

跨国"摆渡人"对本地社会抱有巨大的融入热情，但这种融入并不代表对他们原有文化身份的抛却。他们介于东西方文化身份之间，却并不矛盾。对他们来说，原有的文化身份与当下的在地文化身份，不是一道需要取舍的选择题，而是一个身份整合的过程。"摆渡人"身份中的整合与连接特征，使他们成为欧美移民社区中重要的召集人，在他们的带动下，锻造出一种面向本地开放而非排斥的移民社区精神。与本地社会的深度接触，并没有破坏欧美移民群体内部的团结和秩序，反而成为强化族群内部在地生存能力的资本。而本地人与欧美人原本处于平行的世界，通过开放的移民社区精神连接，交会在一起，生产出了既植根地方，又具有国际性的合作与文化产品。

以范小林为代表欧美侨民企业家，每年都会在昆明举办各类文化慈善活动。2020 年 11 月他们曾举办了一场心脏病儿童慈善派对，发动在省内外的侨民企业家，以及其他机构为患有心脏病的儿童募捐。

[①] Sigler, T. & Wachsmuth, D., "Transnational Gentrification: Globalisation and Neighbourhood Change in Panama's Casco Antiguo", *Urban Studies*, Vol. 53, No. 4, 2015.

在过去的十多年里,他们还与国外医疗机构,以及云南省内大学里的社工专业合作往来,帮助了许多云南山区需要医疗、教育援助的村民。

经营酒吧的海曼也不仅仅只是一个企业家。他还是最早与云南少数民族乐队一起玩音乐的人。当他在云南成为一名企业家之后,这个兴趣也并没有舍去。他成立了一家文化公司,专门挖掘具有潜力的少数民族歌手、乐队,成为这些音乐人的经纪人,不仅给他们创造演出、出专辑的机会,还致力于将他们的音乐推向国际。他说:

> 我过去就认为,云南是一个出音乐的地方。它有很丰富的民族音乐、传统文化和乐器。这些都没有怎么开发过。这也让我越来越有危机感,因为它们正在消失。我的爱好就是去云南少数民族的山村,去把它们带回来。云南有很多少数民族都在玩音乐,但这些乐队都"在地下"。我要把它们变成"地上的",把它们介绍给全世界。我们公司有一个少数民族乐队,在疫情前登上了欧洲世界音乐排行榜的第八名,并且在第 20 名的位置稳坐了 3 个来月。我置身于这里,知道哪些音乐最迷人,我从英国来,也知道外面的人喜欢听什么。现在世界上很多音乐记者、乐评人都经常和我联系,因为他们知道我在云南,而这里有最美好的音乐。

出生于美国弗吉尼亚一个小镇的大卫,2008 年来到昆明之后,曾经做过外教和出国留学代理。后来,他追随自己的兴趣,成为一名音乐人。他与云南本地的 5 位布朗族、佤族、彝族、纳西族和哈尼族友人组建了一只"雷鬼乐队"。在海曼经营的文化公司支持下,发行新专辑,并在酒吧中进行表演。对于自己的转变,他这样说:

> 在来中国之前,我就知道中国有不同的少数民族,但我不懂少数民族有何意义,直到我来到云南。我很想让全世界都知道云南是中国民族文化最丰富的一个地方。我们乐队里的成员都是少数民族。他们刚接触到雷鬼音乐时,特别兴奋。因为雷鬼和他们

的音乐都是反拍的。他们听我的介绍，了解到雷鬼音乐产生于加勒比海的牙买加。都觉得一个国家在地球的那边，一个在地球的这边，却能产生让彼此共鸣的音乐，这是很了不起的事。大家就决定成立一支属于云南的雷鬼乐队，用全世界人民都听得懂的音乐形式，来表达（我们）少数民族的东西。

李维是一名法国人，他1998年抵达昆明。他在这里创办了一所法语学校，后来也为法国一所高等专科学院做中国代理，与各个高校开展交换学生合作。来到云南后，出于对历史的兴趣，他开始有意识地收集相关的照片及文字资料，并通过与政府的合作，在云南以及法国一些城市举办过一些历史照片展览。在1910年建成的滇越铁路中，有一座人字桥，至今仍然坐落在云南省红河州的屏边县。2018年至2019年，他加入了屏边县与法国塔努斯市建立友好城市的工作中，最终见证了两个友好城市的缔结。李维坦承："正是因为当下中国人开始对历史感兴趣了，这些资料的收集才有意义，一个接一个的展览才能办成，才有人关注。"

在与受访者交流中，中国的变化与他们在中国经历的自我变化，是很多受访者乐于主动提及的话题。对于那些在昆明居住超过10年的欧美人，他们既是这座城市发展的观察者和见证人，也是亲历者和参与者。长期的在地经历是他们心理与身份转变的基础。主动联系我访谈的大卫，在访谈最后凝视着我，认真地说：

> 我是一个"80后"，我出生成长在美国。我看着我们小镇上的企业慢慢衰落。2004年，我第一次来到中国，之后又从江苏来到云南，在这里常住下来。我看到了这里每一个发展变化。对于我来说，美国是我长大的地方，而这里就是我的家。当我美国的朋友在说中国的不好，在把我们家乡企业的流失怪罪于中国时，我都会对他们说：你还不认识中国，那不是真正的中国。我希望，我能让他们了解真正的中国是什么样的。

第五节　结　语

　　来华移民研究在关注传统弱势移民的同时，也应关注具有相对优势的移民。本章关注传统上被视为优势移民的欧美人，在中国西南的日常实践与身份转变。在空间维度上，与东部相比，西南地区属于经济后发地区，这为欧美人提供了一定的优势空间，也使得一些移民从东部迁徙至西南，由此确保优势得以延续。在时间维度上，尽管与东部的差距仍在，但西南地区也处于快速发展的节奏中。得益于 2007 年针对欧美人在昆明社会交往所进行的调查，研究得以洞悉欧美人优势的细微变化，以及他们的应对策略。

　　欧美移民的优势是动态的，中国社会自身的发展是优势变化的结构性力量之一。西南地区语言教育市场的形成，给欧美人带来了担任外教的就业优势。培训机构和移民对种族身份加以利用，使不具备语言资质，却拥有白人血统的移民也成为英语外教。在外教劳务市场不规范的情境之下，种族身份成为就业优势弥散的一个重要渠道。就业上的优势，延伸到了收入上。他们拥有高于本地普通居民的薪酬，并在日常生活中，利用欧美人的身份获取一定的优势。然而，中国社会的发展，正源源不断地生产出打破北—南结构性优势的力量，欧美人在西南城市中的优势也不断被压缩。

　　吉登斯曾指出：当个体的日常生活被本土与全球的交互辩证所重构时，个体越发会在多样性的选择中被迫对生活方式的选择进行讨价还价。[①] 面对下沉的优势天花板，他们采取不同的策略予以应对。跨国"摆渡人"就是这些策略当中的一个。"摆渡人"既是优势移民心理机制的转换，也是身份的在地实践。一些欧美人，尤其是企业家率先抛却了"不融入"的优势，从封闭的"侨民气泡"中走出来，学习累积地方知识，将之与原有的西方文化知识整合在一起，建构新的

---

　　① ［美］安东尼·吉登斯：《现代性与自我认同：晚期现代中的自我与社会》，夏璐译，中国人民大学出版社 2016 年版。

"本土国际化"资本，以利于其在跨国情景中的再发展。当他们想利用殖民主义时期留下的历史遗产时，也必须剔除殖民主义的叙事表达，在全球交往的话语中做出符合中国人价值观念的新解读。

跨国"摆渡人"既是后优势时代，移民为谋求自我利益最大化，所做出的身份转变尝试，也不能忽视一部分移民在与本地深度互动后，所产生的反思精神，以及其对原有社区、本地社会及中国和世界交往所起到的桥梁作用。跨国"摆渡人"概念不仅可用于欧美移民，未来也可以用于其他来源国的优势移民研究。诚然，他们永远不可能成为中国人，但当他们就在我们身边，愿意从"完全的陌生人"，转变为跨文化的中间人，显示出了移民自身对中西方文化，甚至是意识形态的调和与整合。"我们"和"他们"，也因此进入一个更加平等地交往、增进彼此理解的时代。当"完全的他者"因为我们自身的发展转变而转变，这不仅为我们理解中国与西方世界，与全球其他国家的关系提供了一个视角，更让世界理解当下的中国，多了一个渠道、一种声音。

第 三 章

想象的中国与云南国际医学教育[①]

第一节 问题的提出

在全球化的今天,个体或群体能够对世界任何一个地方或者族群充满全球想象。[②] 受西方国家在现代化高等教育上的成就,以及殖民主义遗产的双重影响,主导的全球想象认为西方处于全球社会结构的顶端,并预设了西方知识的优越性和普遍性。[③] 因此,在很长一段时间内,跨国教育流动的主要方向是从南到北的垂直流动——亚洲的发展中国家是主要的留学生输出国,大量中产阶级家庭及优势家庭的青年学子远赴欧洲或北美国家求学[④]。20世纪90年代以来,伴随亚洲内部高等教育市场的快速发展,国际青年流动的方向也趋向多样化。他们不再集中前往西方发达国家,而是将新加坡、马来西亚、泰国等东南亚新兴工业化国家作为留学目的地。中国也在2000年后,逐渐成为亚洲地区最受国际青年欢迎的海外留学目的地。

[①] 我曾经的学生张畅对本文的研究有参与贡献,在此作出说明并表示感谢。
[②] Appadurai, A., *Modernity at Large: Cultural Dimensions of Globalization*, Minneapolis: University of Minnesota Press, 1996.
[③] Marginson, S., "Global Position and Position Taking: The Case of Australia", *Journal of Studies in International Education*, Vol. 11, No. 1, 2007, pp. 5-32.
[④] Marginson, S., "Global Position and Position Taking: The Case of Australia", *Journal of Studies in International Education*, Vol. 11, No. 1, 2007, pp. 5-32; Cummings, W. K., SO W., "The preference of Asian Overseas Students for the United States: An Examination of the Context", *Higher Education*, Vol. 14, No. 4, 1985, pp. 403-423.

中国的崛起引发了其他南方国家青年学子新的想象。全球南方的青年开始对中国经济腾飞图景产生向往和期待。他们带着改变个人、家庭、国家乃至世界命运的愿景，发挥主观能动性，来到了中国可供实践的平台上，寻求更具性价比的高等教育机会。特别是随着中国与全球医疗卫生事业联系日益紧密，对外医学教育在全球市场上的优势越来越明显，呈现出独特的来华学医景观。2018年，中国的国际医学生数量占来华留学生总人数的第二位。[①]

尽管南南区域内的流动已成为跨国教育流动中的一个常态化现象，但目前的研究仍然主要从西方视角来看待南部国家的国际教育。中国的对外教育在国际学界收获的大多是有失偏颇的评价，一种评价从西方精英主义出发，假定教育流动是优势阶级的专属追求。[②] 其基本逻辑是，将留学作为一种"社会炼金术"进行理解。这部分学者认为，国际青年通过出国留学积累文化资本，并将这种文化资本转化为就业能力、社会地位、社会网络等，最终实现阶级优势的再生产。[③] 面对打破精英实践传统的中国对外教育，一些海外学者却认为，中国医学教育并未和国际接轨，低成本的教育无法保证教育质量。

阿尔君·阿帕杜莱（Arjun Appadurai）强调，想象力已经成为一

[①] 中华人民共和国教育部：《铸就辉煌的教育道路——写在中华人民共和国成立七十周年之际》，http://www.moe.gov.cn/jyb_xwfb/s5148/201909/t20190929_401539.html。

[②] Waters J. L., Brooks R., Pimlott-wilson H., "Youthful Escapes? British Students, Overseas Education and the Pursuit of Happiness", *Social & Cultural Geography*, Vol. 12, No. 5, 2011, pp. 455-469.

[③] Findlay A. M., King R., "World Class? An Investigation of Globalisation, Difference and International Student Mobility", *Transactions of the Institute of British Geographers*, Vol. 37, No. 1, 2012, pp. 118-131; Waters, J. L., Geographies of Cultural Capital: Education, International Migration and Family Strategies between Hong Kong and Canada. *Transactions Institute of British Geographers*, Vol. 31, No. 2, 2006, pp. 179-192; Waters, J. L., *Education, Migration, and Cultural Capital in the Chinese Diaspora: Transnational Students between Hong Kong and Canada*. Amherst, New York: Cambria Press, 2008. King, R., Ruiz-gelices, E., "International Student Migration and the European 'Year Abroad': Effects on European Identity and Subsequent Migration Behaviour", *International Journal of Population Geography*, Vol. 9, No. 3, 2003, pp. 229-252. Vladimír Baláž, Willianms A. M., "'Been there, Done that': International Student Migration and Human Capital Transfers from the UK to Slovakia", *Population, Space and Place*, Vol. 10, No. 3, 2004, pp. 217-237.

个集体的社会事实，全球是一个新的想象区域。他构建了民族、媒体、技术、金融和思想五种景观，作为"想象全球"的构件①。在此意义上，想象力在理解跨国教育流动的景观上是至关重要的。它不仅有助于理解人们决定跨国教育流动的原因，而且有助于理解他们离开生源国进入目的国学习生活的中间过程。所以本文在阿帕杜莱的理论基础上，聚焦于来华医学教育景观，提出"想象的中国"的概念，即：国际青年在实际的身体移动之前，对自己在中国学医的叙事想象，② 以确定人们头脑中想象的未来如何影响跨国求学的决策，以及国际医学生求学愿景如何在中国实践的平台上得到落实，从而回应以上对于中国对外教育不公正的评价。

第二节　资料来源与分析方法

《第七次全国人口普查公报（第五号）》显示：云南外籍人口的数量位列全国第二。③ 根据昆明市公安局出入境管理局工作人员访谈数据，省会城市昆明常住外籍人口中留学生占比高达65%。2018年，云南国际医学生的数量位居全国第九位。赴滇学医，已成为南部国家学生的教育优选项。

本文基于全球南方视角，运用质性研究方法，于2019年12月至2021年1月，对来自印度、巴基斯坦、越南、老挝等13个发展中国家，就读于昆明医科大学和大理大学医学专业的37名国际青年进行了深入访谈，还对3名返回印度的医学生进行了线上访谈。④ 为全面了解国际青年来滇学医前后的想象图景的来源、内容和特

---

① Appadurai, A., *Modernity at Large: Cultural Dimensions of Globalization*, Minneapolis: University of Minnesota Press, 1996.

② Koikkalainen S., Kyle D., "Imagining Mobility: the Prospective Cognition Question in Migration Research", *Journal of Ethnic and Migration Studies*, Vol. 42, No. 5, 2016, pp. 759-776.

③ 国家统计局：《第七次全国人口普查公报（第五号）》，http://www.stats.gov.cn/tjsj/zxfb/202105/t20210510_1817181.html。

④ 调研期间，云南大学2017级社会学本科生姬珺琦，2018级社会学本科生何易容、谭昀湫参与了部分访谈与资料整理，在此对她们的参与表示感谢。

征，本研究设计了中英文的访谈提纲，通过对每位受访者不少于 1 小时的深入访谈和焦点小组访谈相结合的方式，对国际医学生的家庭情况、来华动因、学业情况、生活情况、职业规划与未来计划等进行了调查。

为获取更丰富的一手资料，我还进行了以下两方面的补充性调查：一是对上述两所高校的管理人员与授课教师进行了访谈，参加了其中一所院校 2021 年的海外线上招生宣讲会；二是前往昆明市公安局出入境管理局与老挝、越南、缅甸、马来西亚和泰国 5 个驻昆明总领事馆收集了各方对留学生培养的态度、建议及其他相关数据。访谈前，我向受访者阐明本研究的目的和意义，并在他们许可下，做好录音和记录。最后，根据录音资料及笔记进行了逐句转录，并删除资料中与研究无关的信息，形成本文的研究资料。

第三节　置于世界体系中的跨国医学教育流动研究

第二次世界大战后，意识到现代化发展重要性的南部国家，开始派遣大量学生到发达国家学习先进的、前沿的知识和技术。[1] 这种流动被认为能够通过实现个人现代化来改变社会。[2] 因此，这一时期大部分的跨国教育流动都是从南部国家到北部国家。中国实际上在此之前已有派遣学生前往西方学习的先例。19 世纪 70 年代，中国清政府以"振兴中华"为目标，派遣了第一批留学生赴美学习。到 1978 年改革开放，新中国的第一批留学生被派到美国，以此拉开了中国留学史的新帷幕[3]——中国成为最大的国际学生输出国。

当留学成为个人自由的选择，拥有可支配收入的家庭依旧更愿意

---

[1] Cummings, W. K., SO W, "The Preference of Asian Overseas Students for the United States: An Examination of the Context", *Higher Education*, Vol. 14, No. 4, 1985, pp. 03-423.

[2] Goodwin, C. D., "*International Investment in Human Capital: Overseas Education for Development*", New York: Institute of International Education, 1993.

[3] 《52 人，第一批留学生，成就几何》，光明网，网址：https://epaper.gmw.cn/zhdsb/html/2015-09/30/nw.D110000zhdsb_20150930_1-05.htm。

在获得西方教育文凭上进行大量的投资，因为西方国家的学历往往与最高水平的象征性资本相关联①，可以在劳动力市场上转换为竞争优势。② 这种象征性资本的形成与全球想象有关，其根源是殖民主义的遗产。③ 殖民、帝国和冷战时期的历史带来的地缘政治和社会文化后果之一，是这些历史延续了以西方为中心的话语体系，限制了亚洲内部的文化想象。④ 因此，这些发达国家在历史上一直享受着青年留学生增长带来的人才聚集，以及留学学费收入两方面的红利。⑤

20世纪以来，一些南部国家取得飞速的发展，开始成为教育留学的新据点。许多曾经是国际学生"传统供应商"的国家，如：新加坡、马来西亚、土耳其和墨西哥等，开始积极与西方同行竞争留学生生源。⑥ 中国自2001年加入世界贸易组织以来，随着经济的蓬勃发展和高校在全球的影响力日益增强，从完全的国际青年的来源国转变为国际青年的目的地。⑦ 帕尔瓦蒂·拉古拉姆（Parvati Raghuram）等学者强调，这样的改变是对后殖民理论的重要挑战，被定义为

---

① Raghuram P., Noxolo P., Madge C., "Rising Asia and Postcolonial Geography: Rising Asia and Postcolonial Geography", *Singapore Journal of Tropical Geography*, Vol. 35, No. 1, 2014, pp. 119–135.

② Waters, J. L., "Geographies of Cultural Capital: Education, International Migration and Family Strategies between Hong Kong and Canada", *Transactions Institute of British Geographers*, Vol. 31, No. 2, 2006, pp. 179–192.

③ Stein, S., Oliveira-de-andreottil, V., "Cash, Competition, or Charity: International Students and the Global Imaginary", *Higher Education*, Vol. 72, No. 2, 2016, pp. 225–239.

④ Zhang, H., Chan, P. W. K, Kenwaay J., *Asia as Method in Education Studies: A Defiant Research Imagination*, New York, NY: Routledge, 2015.

⑤ Ahmad, A. B., Shah M., "International Students' Choice to Study in China: An Exploratory Study", *Tertiary Education and Management*, Vol. 24, No. 4, 2018, pp. 325–337.

⑥ Chan, D., NG PT, "Similar Agendas, Diverse Strategies: The Quest for a Regional Hub of Higher Education in Hong Kong and Singapore", *Higher Education Policy*, Vol. 21, No. 4, 2008, pp. 487–503; Sidhu, R., "Building a Global Schoolhouse: International Education in Singapore", *Australian Journal of Education*, Vol. 49, No. 1, 2005, pp. 46–65; NG SW, "Rethinking the Mission of Internationalization of Higher Education in the Asia-Pacific Region", *Compare: A Journal of Comparative and International Education*, Vol. 42, No. 3, 2012, pp. 439–459.

⑦ Ding, X., "Exploring the Experiences of International Students in China", *Journal of Studies in International Education*, Vol. 20, No. 4, 2016, pp. 19–338.

"全球再平衡"①。中国的对外教育作为高等教育国际化的重要组成部分，被视为一种全球共同的利益。②

作为跨国高等教育的重要分支，医学教育也受到全球化影响，出现了医疗教育全球化（Globalization of Medical Education）的现象。③越来越多医学专业的青年留学生为了获得教育资源和就业机会进行跨国流动。近20年来，国际医学教育呈现出医学院校增多（以英式、美式医学教育模式为主）、医学生增多、医学院校私立化程度提高（以营利为主导）、医学院校国际化程度提高四个趋势。④ 2002年，共有约600万医学毕业生和1600余所医学院校为60多亿的世界居民服务。⑤

尽管如此，医生短缺仍然是世界各国共同面临的难题，尤其是南部国家，医疗人才的匮乏更为严重。以南非为例，由于人才外流，该国已经失去了多达一半的青年医学毕业生。⑥后疫情时代的到来将人才流失和人才浪费对卫生系统的影响转变为人类共同关注的热点问题。因为这意味着生源国知识基础的削弱，获得医疗保健、教育和技术发展等所需服务机会的减少。如何培养向南部国家流动的青年医疗卫生人才已经成为牵动各国卫生健康事业的重要议题。

如今，中国可能成为缓解这一困境的重要突破口。在丰富多彩的文化、汉语魅力、社会环境良好的长效吸引力基础上，中国对外医学

---

① Raghuram, P., Noxolo, P., Madge, C., "Rising Asia and Postcolonial Geography: Rising Asia and Postcolonial Geography", *Singapore Journal of Tropical Geography*, Vol. 35, No. 1, 2014, pp. 119-135.

② Lin, T., Liu, N., "Inward International Students in China and Their Contributions to Global Common Goods", *Higher education*, Vol. 81, 2020, pp. 197-217.

③ 荀渊：《从无边界教育到无边界学》，《电化教育研究》2019年第5期，第32—39页。

④ Rizwan, M., Rosson, N., Tackett, S., "Globalization of Medical Education: Current Trends and Opportunities for Medical Students", *Scientific Open Access Journals*, Vol. 2, 2018, pp. 2-35.

⑤ 万学红：《"全球医学教育最低基本要求"简介》，《浙江医学教育》2002年第1期，第8—9页。

⑥ Pang, T., Lansang, M., Haines, A., "Brain Drain and Health Professionals: A Global Problem Needs Global Solutions", *Br Med J*, Vol. 324, 2002, pp. 499-500.

教育具备了独特的市场优势，成为大量南部国家青年跨国学医的第一选择。2018 年，医学专业已经成为来华留学的第二大热门专业，仅次于语言学习。① 中国面向发展中国家的医学教育正在为全球输出越来越多的医疗人才。

第四节　从想象中国到来华学医景观的形成

本章将"想象的中国"定义在决策阶段，涉及决定出国留学、确定中国为留学目的地和选择具体高校三个阶段。不同阶段的决定都与施动意志、认知和情感等因素有关。各种各样的实验性的、叙述性的想象，都将积极参与到一个人未来社会世界和未来情感状态谈判。当新的考量出现，决策者往往倾向于进行克里斯蒂娜·阿丹斯（Cristina M. Atance）和丹妮拉·奥尼尔（Daniela K. O'neill）所称的情景式未来思考（Episodic Future Thinking），即个体对未来的自我投射，在心理上模拟未来，以预先体验某一事件，② 而这种模拟的体验在某种程度上关联着想象中未来的吸引力。在此意义上，想象所构建的愿景对于决策结果和实际行动是至关重要的。

保罗·博卡尼（Paolo Boccagni）认为，想象的结果是开放的，可能会导致实际的流动，也可能不会。因为人口流动经常受到现实状况的干扰，这些干扰使人们对实现愿景的可能性产生疑问。他建议，学者不仅应该关注愿景的内容，分析愿景与人和地方的关系，而且应该围绕愿景未来可能性的视野进行考察。③ 约尔根·卡林（Jørgen Carlin）和凯里琳·舍维尔（Kerilyn Schewel）的研究发现，在默认的静止状态下，那些从未想象过迁移的人，迁移并没有真正地进入他们

---

① 中华人民共和国教育部：《铸就辉煌的教育道路——写在中华人民共和国成立七十周年之际》，http://www.moe.gov.cn/jyb_xwfb/s5148/201909/t20190929_401539.html。
② Atance, C. M., O'neill D. K., "Episodic Future Thinking", *Trends in Cognitive sciences*, Vol. 5, No. 2, 2001, pp. 533-539.
③ Boccagni, P., "Aspirations and the Subjective Future of Migration: Comparing Views and Desires of the 'Time Ahead' through the Narratives of Immigrant Domestic Workers", *Comparative Migration Studies*, Vol. 5, No. 4, 2017, pp. 1-18.

的愿景建构或决策过程，他们可能既缺乏"渴望的能力"，又缺乏"行动的能力"①。通过调研，我发现生源国医学教育资源的整体性紧张，与国际青年对中国想象的不断增加，是医学生来华留学渴望的构成来源，而中国对外教育政策的延续性、持续化，以及配合"一带一路"倡议的政策不断升级，增强了青年来华学医的行动能力。

一 生源国医学教育资源的不可及

在大多数发展中国家，医生是一个有着较高收入的职业，甚至被视为提高社会地位的途径。这使得很多发展中国家的医学教育出现了"供不应求"的局面。2018年的数据显示，印度、巴西、美国、中国和墨西哥五个国家拥有全球三分之一的医学院校，全球仅十个国家就包揽了全球一半以上的医学教育资源。很多非洲国家由于它们人口众多，医生严重短缺。部分国家只有一所医学院，甚至还有13个国家根本没有开设。②

在一些开设了大量医学院校的发展中国家，"供而无法求"却是常态。譬如印度拥有的医学院校数量位列全球第一。根据印度医学委员会的最新数据，共有79627个医学学士和外科学士的就读名额分布在536所医学院校。③ 但这些医学院以私立院校为主，由于不受官方监管，存在师资力量和物质资源严重不足、缺乏统一的录取程序、教学质量差等问题。④ 尽管如此，这些令国际青年趋之若鹜的医学院校不仅对医学入学考试的分数要求高，而且学费高昂。印度青年告诉我：私立院校5.5年医学教育的学费在400万—750万卢比（约合人民币35万—66万），还须额外支付约250万—500万卢比（约合人

---

① Carlin, J., Schewel, K., "Revisiting Aspiration and Ability in International Migration", *Journal of Ethnic and Migration Studies*, Vol. 44, No. 6, 2018, pp. 945-963.

② Rizwan, M., Rosson, N., Tackett, S., "Globalization of Medical Education: Current Trends and Opportunities for Medical Students", *Scientific Open Access Journals*, Vol. 2, 2018, pp. 2-35.

③ Nundy, M., Baru, R. V., "Student Mobility for Higher Education The Case of Indian Students Studying Medicine in China", *National Institute of Educational Planning and Administration*, 2019, pp. 1-49.

④ Nundy, M., "Indian Students in Higher Education Abroad: The Case of Medical Education in China", *ICS Analysis*, Vol. 20, No. 40, 2016, pp. 1-10.

民币22万—44万）的"人头费"（capitation fee），令无数贫困家庭的青年学子望洋兴叹。

于是，医学教育在第三世界多已固化为精英阶层专属的优势教育。寒门子弟求学无门，几乎错失了通过医学教育向上流动的机会。来自印度、孟加拉国的南亚青年医学生告诉我，国家其实尝试通过配额制，让各地学生有机会进入公立学校学医，但受制于名额较少，只有极少数的"幸运儿"能获得学习机会。

在这样的背景下，不少南部国家开始前往中国寻求更多的机会。20世纪90年代，一些南部国家就曾与中国进行协商，希望向它们开放医学教育。泰国便是第一个这样做的国家。鉴于自身没有足够的医学院来培养想成为医生的青年，泰国便积极地与中国政府进行洽谈，请求中国为其学生提供医疗培训。① 随之，广西、云南等地区成为南亚、东南亚国际医学生求学的首选目的地。

二 想象的中国与来华学医决策及行动

1. 国际医学生对中国想象的形成

> 首先，中国和我的国家坦桑尼亚有良好的合作关系，这促使我想要来华留学。在我的家乡，有很多中国人和坦桑尼亚人合办的公司，中国政府与坦桑尼亚政府之间也有很多合作，这为我到中国追求更好的教育，创造了一个有利的环境。另外，我的一些亲戚也在中国，我的姑姑便在这里学医，他们鼓励我来中国学习。

这位叫阿里的坦桑尼亚小伙子的诉说，代表了很多南部国家学生来华求学的决策过程。每一位国际医学生的心中都有一幅想象的中国图景。这幅图景使青年留学生们将通过自身教育流动经历拉动家庭乃至生源国发展的新思考与留学中国的新行动关联起来。当被问及选择

---

① Nundy, M., Baru, R. V., "Student Mobility for Higher Education The Case of Indian Students Studying Medicine in China", *National Institute of Educational Planning and Administration*, 2019, pp. 1-49.

中国作为留学目的地的原因时，几乎所有的医学留学生都提到了中国崛起。中国经济的快速发展让来华学医的国际青年相信南部国家发展的潜力，也让他们对生源国未来的发展前景持乐观态度。从青年医学留学生的叙述中可以看出，他们在中国学习生活的经历和见闻已转化为他们希望祖国如何发展的国家愿景。[1] 怀揣着"医生梦"的国际青年渴望回到生源国，改变当地落后的医疗水平。坦桑尼亚的阿里谈到自己的抱负时说道：

> 我想回去帮助自己的国家，帮助自己的亲人和所有受到病痛折磨的人。我们国家的医学不发达，有许多疾病……我很想改变这种状况……

许多国际青年将来华学医视为通往光明职业前景的大门。受访的医学生有的计划归国就业，有的有志于从事无国界医生工作，还有的决定留在中国继续学业。一些青年医学留学生想要前往发达国家再深造，把求学中国作为向发达国家流动的"跳板"。中国的医学学位可以为他们在澳大利亚、加拿大、英国、美国或新西兰等国家获得研究生学位或职业提供便利。来华学医给予了他们对未来人生更多的自主选择权。

与此同时，还有一部分学生来华学医之后，改变了从事医生的职业设想，转而利用在华学习中文、掌握中国经济、社会、文化和相关政策知识的优势，转而从事其他领域的工作。在访谈中，一位来自越南就读于大理大学临床医学专业的女生就跟我们分享自己边学习边创业的经历。在疫情前，她充分发挥自己的中文优势，以及掌握的医疗健康专业知识，开辟了一项连接中越的康养旅游事业。她得知在越南一些富裕家庭有想要获得更好医疗服务的诉求，就把他们发展为自己的客户，为其办理相关手续，将之带到云南昆明，让其既能享受昆明国际医院的高端体检和其他医疗服务，又能在昆明及其周边城市旅游

---

[1] HO ELE, "The Geo-Social and Global Geographies of Power: Urban Aspirations of 'Worlding' African Students in China", *International Studies Review*, Vol. 10, No. 4, 2008, pp. 749-761.

购物。另一位已经毕业返回印度的医学生，告诉我他在家乡从事的是医疗代表的工作。他在华学习期间建立的跨国网络，为其开辟了更广阔的药品推销市场。

中医药在全球的广泛传播也激发了南部国家来华学医的另一种想象。当前，每年约 13000 名留学生来华学习中医药。[1] 新冠疫情暴发以来，在习近平总书记提出的"构建人类卫生健康共同体"的号召下，中国积极向世界分享中西医结合的抗疫经验，中医药在疫情防控与治疗方面的表现，受到国际社会广泛关注，并得到积极评价，进一步激发南部国家人民对学习中医的向往。在 2020 年 6 月至 7 月对越南、老挝和缅甸等驻昆领事馆的调研过程中，各国领事都表达了期望能够进一步加强输送学生来华学习中医的愿景。

全球化之下，医学教育的跨国市场得以形成，连接生源国与留学目的国的跨国留学中介孕育而生。专业中介或教育中介在帮助和引导国际青年实现抱负上扮演着不容小觑的角色。代理机构之所以重要，是因为它们具备了将自身的商业利益、国家的发展诉求、学生及其家庭的教育需求和未来愿景联系起来的能力。[2] 大量来自亚洲、非洲的国际青年表示，他们是通过留学中介办理相关手续后，来华学医的。他们支付的中介费在 2000—10000 元人民币之间。有的医学留学生还通过中介，获得了中国政府的奖学金支持。一位来自坦桑尼亚的青年告诉我们，中介公司会把他们送到生源国和留学生都认可的地方去。

国际青年来华学医的想象力亦来源于归国的移民、国外的朋友和留学的亲戚等人际关系网络。[3] 这些有限的二手资料往往成为吸引发展中国家青年前往中国求学的重要因素。随着云南各医学院校留学生规模不断扩大，应届毕业生数量持续增加，留学生与家乡亲

---

[1] 《每年约 1.3 万名留学生来华学习中医药》，人民网，http：//edu.people.com.cn/n1/2017/0522/c1053-29289978.html。

[2] Collins, F. L., "Organizing Student Mobility: Education Agents and Student Migration to New Zealand", *Pacific Affairs*, Vol. 85, No. 1, 2012, pp. 137-160.

[3] Koser, K., Pinkerton, C., *The Social Networks of Asylum Seekers and the Dissemination of Information About Countries of Asylum*, London: Research Development and Statistics Directorate, 2002.

朋好友之间建立了跨国社会网络。本研究发现，一些高年级的学生是通过留学中介来到云南学医的，但低年级学生中，有的人则是由于家里的兄弟姐妹、亲朋好友率先来到这里学习，回到家乡进行宣传后，自己在网络上联系学校而来。也就是说，他们跳过了中介这一环，直接向学校申请，追随留学效应显著，形成了直接流动学医的形态。

2. 中国对外教育政策的升级激发来华行动能力

"一带一路"倡议将很多经济发展和教育体系仍然滞后的国家和地区团结起来，为这些国家的青年打开了求学的大门。"一带一路"将高等教育国际化作为重要议程，打造了"留学中国"的品牌。中国教育部在《推进共建"一带一路"教育行动》中明确提出：全面提升来华留学人才培养质量，把中国打造成为深受沿线各国学子欢迎的留学目的国。"一带一路"教育行动持续推进成果颇丰，中国成功与188个地区、40多个重要国际组织建立教育合作交流关系，高等教育学历学位互认覆盖58个国家和地区。[1] 2018年共有超过49万留学生来华学习深造，中国稳居亚洲留学目的国首位。[2] "一带一路"对跨国交通基础设施的建设投入，也为来华学医提供了便利。2017年，中国发布《共建"一带一路"：理念、实践与中国的贡献》，提出要以"六廊六路多国多港"共建"一带一路"的主体框架。目前，"六廊六路多国多港"的互联互通架构已基本形成。以昆明为例，2019年，长水机场已成为国内连接南亚、东南亚通航点最多的机场，南亚、东南亚每周航班量达280余班，南亚、东南亚通航点35个。[3] 南亚、东南亚的青年医学生表示，交通的便利性也是他们选择来滇学医的一个重要因素。

中国为来华留学生提供了多种类型的奖学金支持。中国政府奖

---

[1] 中国教育发展战略学会、人才发展专业委员会：《中共教育部党组：奋力谱写新时代新征程教育改革发展新篇章》，https：//hr.edu.cn/yaowen/202209/t20220916_2246223.shtml。

[2] 司开卫、王渊、张旭、刘建新、吴锋、李小其、程彦斌：《"一带一路"背景下医学留学生教育的实践与反思——以西安交通大学为例》，《中国医学教育技术》2020年第6期，第748—751页。

[3] 中华人民共和国商务部：《昆明至南亚东南亚通航点全国最多》，http：//www.mofcom.gov.cn/article/resume/n/201909/20190902899756.shtml。

学金覆盖率达12.8%,①还有地方政府、学校层面,以及各类区域专项和企业资助的奖学金。仅2012—2019年8年间,来华留学教育预算支出就从15.5亿元增加到了39.2亿元,增长了近1.5倍。②此外,有别于国外医学院校以盈利为导向的办学宗旨,中国医学院校基本为公立学校,学费经济实惠且公开透明。调研发现:昆明医科大学面向留学生的全英文授课医学专业学费为3.9万元人民币/年,而大理大学由于采取的是双语/中文授课,学费更低,仅为2.9万元人民币/年,这不仅与西方国家高昂的医学教育学费形成了明显对比,甚至与印度这样的发展中国家自身的私立医学教育学费相比,也低很多,为那些因为高额收费而被拒于医学教育门外的学子,提供了新的机会。

南部国家青年来华学医具有明显的性价比优势,这种优势通过一批批学子的亲身体验与口口相传,逐渐被区域各国普通民众所感所知,也使得来华学医成为南部区域跨国教育流动的新潮流。

从2012年起,中国就已成为亚洲国家青年留学生学医的新圣地。③ 2020年,教育部临床医学专业认证工作委员会以"无条件通过"的成绩正式获得世界医学教育联合会(WFME)医学教育认证机构认定。中国高校的医学教育质量得到了国际认可。与其他南部国家相比,中国各个高校的医学教育质量和教学水平具有较大优势。例如云南,尽管位于中国教育的后发地区,但各个医学院校拥有相较于南亚、东南亚等周边国家更为先进的、现代化的医疗基础设施,包括最新的医疗设备、医学实验室和更为完善的实习基地。各个医学院校还积累了较为丰富的对外医学教育经验。如昆明医科大学于1997年获得留学生招生资格,2010年获MBBS(临床医学学士,英文全称:Bachelor of Medicine & Bachelor of Surgery)项目留学生招生资格,并于2011年开始招生,2013年通过教育部全英文授课MBBS审核评

---

① 中华人民共和国教育部:《2018年来华留学统计》,http://www.moe.gov.cn/jyb_xwfb/gzdt_gzdt/s5987/201904/t20190412_377692.html。
② 《一收一支总关"情"》,中国科学报、高校留学教育,https://news.sciencenet.cn/sbhtmlnews/2019/8/348669.shtm。
③ 《中国医学教育国际认可度不断攀升留学生突破4万》,人民网,http://edu.people.com.cn/n/2012/1123/c1053-196767 61.html。

估。中国对外医学教育质量的不断提升，使国际青年的专业学习获得了保障，并逐渐产生了口碑效应。

第五节　来华学医的平民化与区域化特征

> 我们国家读书费用高，很多家庭都有困难，特别是对农村的学生来说，他们有了这个奖学金就有更多学习的机会，也减轻了家庭的负担。

一位孟加拉国的青年留学生告诉我们，在他的家乡学医绝不是一个明智的选择。如果在孟加拉国学医，他需要一次性支付高达30万人民币以上的学费，但他的家庭根本无法负担。而如果选择到中国学习，不仅学费低，而且他还能够获得奖学金资助，甚至可以省下钱来补贴家用。很多像他一样来华学医的印度青年，父母都是农民，他们是贷款来昆明学医的。好在中国的学费一年一付，减轻了他们的经济压力。中国对外医学教育的这些特点，使国际医学生能够突破国内固有的阶层限制，实现学医梦想。中国相关政策的支持还让他们能够通过争取奖学金的方式，获得改变命运的机会。

在很多南部国家，由于文化、社会、经济等因素的影响，女性难以获得接受高等教育的机会。其中，高昂的大学学费是制约女性进入大学的重要原因。中国政府提供的奖学金资助，使一部分女性得以走出国门，走进中国大学校园，接受现代高等教育。在我们的调研过程中，来自印度、巴基斯坦和柬埔寨等国的女学生都跟我们简述了各自来华学医的经历。其中，一位就读于临床医学专业的印度女性谈到自己从小就想学医，但是她所生活的村落中，还没有女性能够上大学。他的父亲虽然并不反对她继续上学，但是学医费用高昂，家里的亲戚大都反对。后来她通过申请国家留学基金委员会提供的奖学金，得以来华学医。她的经历也感染了家族里、村落中的其他女孩。她们希望能够像她一样，能够来华学习，提升自我，获得独立发展的机会。

知识是一种全球商品,各个国家发展国际高等教育,是为了争夺更高的市场份额。[①] 高等教育被很多发达国家视为一个潜在的经济增长点,甚至是主要收入来源。[②] 但中国开展对外医学教育并非为追逐经济利益,而是开拓全球知识共享和共同发展的可能。正因如此,从生源的家庭情况来看,来华学医景观具备显著的平民化特征。大部分来华学医的国际青年来自南亚、东南亚、非洲地区的中下阶层家庭。对于全球各国,尤其是南南区域内中下阶层家庭来说,中国的对外医学教育是一个南南区域内部"寒门再出贵子"的向上流动方案。

来华学医景观还具有区域化特征。来华医学生不仅主要来自较为落后的南部地区家庭,而且他们未来流动的方向及其影响效应也具备南南区域内部流动特征。大部分青年学子表示,回生源国或留在其他南部国家是决定来华留学时的计划,也是现在继续努力的目标。很多坦桑尼亚、尼泊尔、老挝、柬埔寨等非洲、南亚地区的青年医学留学生出身贫寒,自身成长的经历使其具有报效国家、服务社会的责任感。不少来华医学生向我们传达了对自己国家医疗卫生状况的担忧,他们期望在中国接受的医学教育能够有效纠正全球医疗资源发展的不平衡,帮助他们"为穷人服务""拯救那些贫穷的家庭""支援自己的国家"。一位来自非洲尼日尔的青年告诉我们,在他的国家只有三位泌尿科医生,来华研修泌尿专业的他,学成之后将成为自己国家的第四位泌尿科医生。他迫切希望通过在中国专业、系统的学习,以及到中国医院实习,回国后医治饱受泌尿疾病困扰的病患,其中尤以女性患者居多。

当越来越多的来自南部国家的青年来华学医,且他们的未来目标致力于促进南部国家自身以及南南区域各个国家医疗健康事业共同发展,南部国家将有可能实现人才流失到人才回流的转变,甚至出现南南区域内人才环流的良性循环。随着来华学医的国际青年数量稳步提

[①] Raghuram, P., Theorising the Spaces of Student Migration, *Population Space and Place*, Vol. 19, No. 2, 2012, pp. 1–17.

[②] Ahmad, A. B., Shah M., "International Students'Choice to Study in China: An Exploratory Study", *Tertiary Education and Management*, Vol. 24, No. 4, 2018, pp. 325–337.

升,越来越多国际青年从中国医学院毕业,成为连接中国与当地学生的人才纽带,由他们组成的跨国网络将进一步驱动更多新一代的国际青年来华学医,跨国医学教育流动将继续呈现南—南横向流动的景观。

一位由昆明医科大学培养的泌尿外科专业的博士归国之后致力于促进中国和尼泊尔双方医学交流合作,他深度参与中南亚地区泌尿外科国际会议前期的准备工作,将中国专家介绍到会议中,还多次邀请云南的泌尿科专家前往尼泊尔,为当地医生进行现场培训。中国基于庞大人口基数之上的医疗临床实践经验,以及由于国家整体发展带来的医疗健康事业的长足发展,使其对外医学教育不是给来华学生提供一个"不得已"的妥协选择,而是超越以往西方知识的、综合的医学专业知识教育学习方案。这一方案能够为其他南部国家培养高技能的、服务于南南区域健康合作的人才纽带。

第六节 结语

阿帕杜莱提出,新的全球化发展模式已经出现,基于代表贫困群体利益的全球化战略、愿景和眼界,衍生出一系列新的"知识转换与社会动员形式",与"辩驳、质询与反转"日益分化的、不平等的发展趋势。这种全球化被阿帕杜莱称为"草根全球化",亦被视为"自下而上的全球化"。他认为,学界人士"需要参与这个变动的公共领域,关注组成他们的知识分子,从而创造一种教育和研究的伙伴身份,以便让我们的区域图景不再停留在局限于我们一阶的、必然狭隘的世界图景上"。[①] 因为区域是构成全球图景不容忽视的一部分。不同区域的行动者,尤其是不被重视的穷人,随着社会的发展和进步,开始具备相当的能力,进入复杂的利益关系网络中,参与到世界图景的建构中。因此,我们应当谨慎地从平民视角切入,挖掘全球化

---

① [美] 阿尔君·阿帕杜莱:《全球化》,韩许高等译,江苏人民出版社2016年版,第3—9页。

过程中不同区域的平民互动的新景观，了解"平民"文化的语境，以避免学术研究被"精英"阶级的文化控制。

跨国教育流动从历史上的由发展中国家向发达国家的单向流动，已经出现了双向甚至是多向流动的新趋势。在多元化的人口流动景观之下，南部国家内的流动如何产生，形成何种景观是值得关注的，特别是全球南方的青年为寻求符合想象的留学目的地，而进行流动所形成的教育景观，对于回应和丰富"草根全球化"内涵是极其重要的。随着改革开放的深入发展，中外交流与往来越来越频繁。中国留学教育对发展中国家青年的吸引力越来越大，"留学中国"品牌成效逐步显现。当前，中国已经成为南南区域范围内新的流动聚集中心。由于在大多数发展中国家，医生是一个有着较高收入和社会地位的职业，但国内医学教育资源匮乏，普及率和可及性低下等，中国的医学专业成为国际学生的热门选择。越来越多来自南部国家的"草根"前往中国寻求发展机遇，形成了来华学医景观。这对于突破全球发展不平等限制具有重要意义。

国际青年选择中国为留学目的地源于他们对于中国的多重想象。本质上，这些想象源于中国的崛起。中国快速的发展创造了一个独特的南部国家的发展模式。在这样的发展模式中，无数年轻人看到了自己、家庭、国家的未来。对于国际医学生来说，他们期望通过留学中国获得发展的能力，来华学医是"圆梦之旅"，是追求美好生活的途径。很多国际医学生接受中国提供的医学教育服务，渴望掌握足够的专业知识，成为一名救死扶伤的医生，凭借职业获得向上流动的机会。即使暂时无法在本科生毕业阶段就获得最终"收益"，例如：要想成为专业医生，他们回国还须参加从业资格考试，那又是另一场残酷的竞争淘汰赛，但是国际医学生仍然对职业前景抱有乐观估计。因为在掌握本科教育的知识基础上，他们还能够获得前往美国、墨西哥、澳大利亚等国家的医学院继续进修，甚至参与这些国家医师资格考试的机会。此外，中国经济的快速发展使国际青年给予掌握汉语技能同样积极的评价。在世界大变局中，中国正处于近代以来最好的发展时期。这为掌握汉语技能的国际青年提供了在经济贸易、外交等其他领域工作的机会。正因如此，来华留学被非洲、南亚、东南亚地区中下层阶级的家庭视为一种跨越国界的向上流动方式。

中国的大国担当为国际青年提供了最具性价比的留学学医方案。相较于英、美等发达国家,中国面向南部国家医学生打造了一个更经济实惠的教育平台。中国医学院校以公立学校为主,学费便宜。中国45所高校提供全英文教学,这不仅降低了国际青年接受知识的难度,而且中国的全英文授课专业比美国、英国便宜70%。中国政府为来华留学生提供大量奖学金支持。"奖学金改变命运"已经成为国际青年来华学医体验的共识。中国医学教育质量在国际社会的认可度也越来越高,中国有187所医学院校被列入《世界医学院校名录》。大部分"一带一路"合作国通过资格考试对医学本科生在华所获得的学历给予认证,老挝、越南和缅甸等国则直接认可学生在中国获得的医学学历。

尽管当前,中国的对外医学教育面临一些亟待解决的具体困难,如师资力量不足、对外医学教育特色不够等。但是中国提供的留学舞台实际上是为中国和其他南部国家共同发展所开启的新路径。中国是南部国家不可或缺的一员,中国与其他南部国家始终紧密的联系在一起。通过来华留学,南南区域内的医学人才逐渐形成新的环流。

中国用自身的发展燃起了南部国家青年对于自身、家庭、民族发展的新想象,这些想象不断地在流动的跨国医学教育领域集聚。当中国作为南部国家的一份子积极参与到区域人民想象图景的建构中,为这些国家的年轻人提供可行的、追求梦想的舞台,越来越多的国际青年到中国探索成长之路的新景观也就由此形成。

人口流动,尤其是国际移民问题是当今世界最重要的议题之一。2000年,全球国际移民人数为1.73亿,2017年国际移民人口则已达到2.58亿。全球移民人口在世界总人口的占比也从2000年的2.8%,增长至2017年的3.4%,并且可以预见在未来还将不断增加。[1] 移民是全球黄金工作年龄群体的主要构成者,人口流动不仅影响移民的生活,同时还影响非移民群体的生活。一旦人们决定跨越边界,无论是移民自身,还是他们身后的家庭都将面临巨大的改变,这种改变不仅

---

[1] United Nations, International Migration Report 2017, New York, 2017.

只是经济的,更是社会和文化的,不仅仅是对于移民输出国,更涉及移民接收国,直至整个区域范围内外。

全球移民时代的到来,以及移民趋势的势不可当,使得移民研究成为不同学科、不同学派的研究者共同聚焦的领域。但也正是由于多学科共同介入的原因,移民研究成为一个观点、理论和方法交锋对话的市场。在这些交锋中,有一个重要的争论就是关于移民和发展之间的关系。在国际组织、移民输出和输入国政府,以及学术研究者对移民与发展态度倾向的摇摆之中,在对移民在发展过程中角色扮演的经验性研究与价值判断的推进之下,以及以移民、输出社会、输入社会共赢为目标的项目尝试等合作与研究实践中,移民汇款(remittance)成为移民—发展关系(migration-development nexus)研究范式中的一个重要的理论工具和研究视角。2017 年联合国举办的"汇款、投资与发展"高峰论坛的官方报告中提供的数据显示,过去十年国际移民汇款增长了 51%,到 2016 年末达到了 4450 亿美元,全球每 7 个人中就有 1 个人被卷入汇款的过程中,全球有 2000 万移民人口向 8000 万非移民人口输送资金,在 71 个发展中国家中,汇款甚至贡献了3% 的 GDP。[1] 而根据世界银行的估计:2018 年全球汇款还将继续增加,预计将达到 6420 亿美元。[2]

汇款促进了原生家庭和社区对于教育、健康、卫生、房屋和基础设施建设的投资。因此,汇款一方面被乐观主义研究者称为"发展的新颂歌"(new mantra of development),[3] 被视为支撑和促进发展的一种直接资源;另一方面,研究者也逐渐跳脱出国家视角,将汇款置于全球化、跨国主义视角之下,用以考察、反思以及继续争论移民与输出社会发展之间的相互作用力。

---

[1] The World Bank, "Global Forum on Remittances, Investment and Development 2017 Offical Report", New York, 2017.
[2] World Bank Group, "Migration and Remittances Recent Developments and Outlook", 2018.
[3] Devesh Kapur, "Remittances: The New Development Mantra?", G-24 Discussion Papers from United Nations Conference on Trade and Development, 2004, http://www.unctad.org/en/Docs/gdsmdpbg2420045_en.pdf.

第 四 章

中缅跨境婚姻移民人口的阶段性剧增[①]

跨境婚姻是一个世界性的移民现象，也是相邻国之间实现交往与交流、睦邻友好的重要形式。云南地处西南边陲，国境线长达4060千米，是中国唯一可以从陆上连通东南亚、南亚的省份。在与缅甸接壤的德宏州边境线上，傣族、景颇族、傈僳族、德昂族等多个世居民族与境外同源民族同胞毗邻而居。地理上的相邻与民族的同源性，使跨境民族千百年以来往来频繁，相互融合。

随着中国综合国力的不断提升以及边疆地区的开放，近年来云南边境地区的跨境婚姻呈现出剧烈增长的趋势。以保山市为例，截至2012年底，保山市入境跨境婚姻人口为7344人，跨境婚姻人员中99.996%为缅甸籍。到2013年底，保山市入境跨境婚姻人口增长为8083人，比2012年增长了10.06%。近年来平均以每年10%以上的速度持续增长。大量的跨境婚姻移民对边疆地区的社会治理、民族团结、意识形态和边境地区稳定都提出了新的挑战。目前中国已有的关于跨境婚姻的法律法规主要有《中华人民共和国婚姻法》《中华人民共和国国籍法》《外国人在中国永久居留审批管理办法》《中国边民与毗邻国边民婚姻登记办法》。这些法律法规在顶层设计上对跨境婚姻做出了界定，并给予了一定的政策规定，但大部分条文是从宏观层面出发，在实际操作层面指导性不强，且存在一定的滞后性。

在云南，跨境婚姻移民人口的剧增并不仅限于中缅跨境民族之间，

[①] 在撰写本章时，我的博士生导师杨国才教授给予了我很多帮助和建议，特此说明，以示感谢。

也同时存在于中国与越南、老挝两国之间，并有着从边境地区向内地扩大的态势。而在整个亚洲，过去几十年里，日本、韩国以及中国台湾等国家和地区都曾发生跨境婚姻阶段性剧增的现象。这些国家/地区的学者都对发生于本土的跨境婚姻现象给予了关注，展开了丰富的研究，为本章的展开打下了良好的理论基础。

第一节　关于跨境婚姻移民的研究回顾

当代世界移民呈现出多元性、复杂性的特征，并一直处于变动中。尽管如此，Stephen Castle 等在《移民时代：当代世界的国际人口流动》一书中还是总结了当下移民的六大主要特征和趋势，其中，劳动力移民的女性化趋势成为主要特征之一。[1] 在 1960 年以前，有关劳动力移民的研究只聚焦于男性劳动力的迁移，对女性移民的研究只存在于移民家庭重聚的语境中。伴随着女性意识的觉醒，专门针对女性移民的研究开始增多。这其中主要由女性构成移民主体的跨境婚姻成为一个主要的研究领域，吸引着世界各国的学者参与其中。有研究者将跨境婚姻分为两类：跨文化跨境婚姻（Inter-cultural Cross-border Marriage）和同源文化跨境婚姻（Intra-cultural Cross-border Marriage）。对发生于同源文化内部的跨境婚姻，研究者更倾向于采用质性研究和人类学调查的方式，通过一种主位的叙述方式研究跨境婚姻家庭的构成，及其对婚姻移民个体生命历程的影响。[2]

由于西方学者接触的研究对象大多为跨文化跨境婚姻移民，因此更多地将其与种族、阶层放在一起讨论："性别、种族和阶层是体现社会规范性与排他性的三个相互联系并相互作用的重要特征。"[3] 女

---

[1] Stephen Castles, Hein De Haas & Mark J. Miller, *The Age of Migration: International Population Movements in the Modern World the Fifth Edition*, London: Palgrave Macmillan, 2014, p. 16.

[2] Lucy William, *Global Marriage: Cross-border Marriage Migration in Global Context Migration, Minorities and Citizenship*, London: Palgrave Macmillan, 2010, p. 198.

[3] Balibar, E., "Racism and Nationalism", in Balibar, E. and Wallerstein, Stephen Castles (eds), *Race, Nation, Class: Ambiguous Identities*, London: Verso, 1991, p. 49.

性在跨文化婚姻移民过程中常常同时受到性别、种族以及阶层等方面的困扰。而关于这些女性婚姻移民的作用，学者 Anthias 和 Yuval Davis 指出，婚姻移民的妇女不仅在新的环境中承担新组建家庭中的生育功能，更重要的是，她们还是负责向下一代传授本民族语言与文化符号的"文化传播者"（Culture Carriers）。①

自 20 世纪 70 年代起，伴随着一些亚洲国家（地区）的经济复兴与发展，日本、新加坡、韩国等国家和中国香港、中国台湾地区开始出现了大量的"邮购新娘"（Mail-order Bride）和"网络新娘"（Internet Bride），跨境婚姻家庭迅速增加，从而引发了这些国家（地区）学者对这一课题的广泛研究。

在这类研究中，学者们常常从劳动力和市场的角度出发探析跨境婚姻的商品性，如中国台湾学者 Hong-zen Wang 等将两地跨境婚姻置于一个寻求自我盈利的社会语境中，分析在移民系统内部，婚姻中介如何利用已形成的移民网络在中国台湾新郎与越南新娘之间搭线，并使二者之间的婚姻完成商品化过程。② 也有学者透过这些跨境婚姻的商业性，关注跨境婚姻妇女由此可能遭受的家庭暴力和家庭生活下的社会文化不平等性，并运用性别观点来解释这些现象背后的政治经济制约性。③ 韩国学者 Hyunok Lee 在 2012 年的文章中分析了韩国跨境婚姻兴起的根本原因是城市工业化进程导致大量的"乡村光棍"（Rural Bachelor）产生，是对韩国社会化再生产巨变的一种应对，是传统低收入家庭面对经济压力的一种对策。④ 还有大批学者是从西方社会学的研究视角出发，关注婚姻移民被同化和社会融入过程以及社区社会文化变迁等方面的内容。⑤

---

① Anthias, E. and Yuval-Davis, N., "Introduction", in Anthias and Yuval-Davis, N. (eds.), *Women Nation State*, Basingstoke and London: Macmillan, 1989, p. 15.

② Hong-zen Wang and Shu-ming Chang, "The Commodification of International Marriages: Cross-border Marriage Business in Taiwan and Viet Nam", *International Migration*, Vol. 19, No. 6, 2002, pp. 93-116.

③ Piper, Nicola and Mina Roces, eds., *Wife or Worker? Asian Women and Migration*, Lanham, MD: Rowman and Littlefield, 2003, p. 106.

④ Hyunok Lee, "Political Economy of Cross-Border Marriage: EconomicDevelopment and Social Reproduction in Korea", *Feminist Economics*, Vol. 18, No. 2, 2012, pp. 177-200.

⑤ Johnson, W. R. and M. D. Warren, *Inside the Mixed Marriage*, London: University Press of America, 1994, p. 126.

除了上述这些研究之外，在亚洲地区还有一个被学者们广泛用于解释跨境婚姻形成的观点，即"上嫁婚配"（hypergamy）。这个观点来自印度的种姓制度（caste system）研究，指的是女性通常会选择比自己等级更高的男性作为婚姻伴侣。因此总是女性而非男性，通过跨境婚姻的方式从相对贫穷的国家流向相对富裕的国家。[①] 另一个常用于解释跨境婚姻现象的观点是"向上流动"（upwardmobility），研究者将跨境婚姻视作女性完成地域的（geographical）和社会经济的（socioeconomic）地位升迁的重要方式，是女性发挥自主性选择的结果。[②] 在当代跨境婚姻中，将这两个观点合在一起，更能解释在父权制语境下，妇女个体动因的发挥与向上流动的有限途径。

国内学者对以中国为接纳国的跨境婚姻研究始于20世纪90年代后期，研究地域主要涉及广西和云南的中越、中缅和中老边境地带以及东北地区的中韩跨境婚姻。研究视角聚焦于跨境婚姻的现状和影响、跨境婚姻子女社会化过程中面临的问题、跨境婚姻女性移民的身份问题、跨境婚姻与疾病（尤其是艾滋病的控制）、跨境婚姻与社会风险、边境安全的关系等内容。[③] 对这些地区跨境婚姻的形成原因，学界常常运用由地区发展差异之间形成的推力与拉力作用、中国性别失衡造成的婚姻挤压形态、历史与传统延续下来的跨境同源民族认同与交流以及跨境婚姻的主体选择性等理论来进行分析。[④]

就目前已有的研究来看，较少有研究聚焦于跨境婚姻移民人口阶段性剧增的深层次原因。笔者从中缅跨境婚姻入手，认为婚姻移民人口剧增是跨境婚姻现象中一个共同的阶段性特征，但中国的这一特征与政策法规的滞后性之间的矛盾成为中国跨境婚姻移民治理所面临的最主要问题。只有深度剖析中缅跨境婚姻移民剧增的原因，预测跨境

[①] 与"上嫁婚配"相对应的观点是"下嫁婚配"（hypogamy）指女性嫁于比自己社会地位更低的男性。

[②] Sarah J. Mahler and Patricia R. Pessar, "Gendered Geographies of Power: Analyzing Gender Across Transnational Spaces", *Identities*, Vol. 7, No. 4, 2001, pp. 441–459.

[③] 杨国才、施玉桥：《边境跨国婚姻的研究与展望》，《北方民族大学学报（哲学社会科学版）》2015年第3期。

[④] 保跃平：《跨境婚姻行为选择的主体性特征及制度困境——以云南边境地区为例》，《南方人口》2013年第4期。

婚姻后续发展图景，才能为政府制定具有前瞻性的法律框架提供学理依据。

本章的研究数据有两个来源：一是笔者2013—2015年在云南德宏州芒市及瑞丽地区进行了历时8个月的田野调查，完成了对芒市、瑞丽两地多个部门的调研访谈，还对两地5个乡镇9个自然村47名傣族、傈僳族、景颇族、德昂族和汉族跨境婚姻妇女及其丈夫、公婆、孩子等家庭成员进行了深度访谈，并对当地村委会、镇政府妇女干部、计生工作人员也进行了访谈，获得大量第一手资料；二是另一部分数据来源于云南省妇联等多部门在2012年以来针对跨境婚姻所做的调查。

第二节 中缅跨境婚姻移民人口剧增的现状

云南是中国唯一与缅甸接壤的省份。截至2012年第一季度，云南省跨国婚姻总户数为27199户，其中与缅甸籍通婚的有16185户，占总数的59.5%，是占比最大的婚姻移民人群。生活在国境线两侧的中缅居民有着共通的血缘文化联系，千百年来共同生产生活，通婚互市，繁衍生息。然而，从20世纪90年代以后，这种"你中有我，我中有你"的往来通婚形式，很快发生了"一边倒"的变化，中缅通婚在中国出现了"只娶不嫁"的现象，越来越多的缅甸妇女通过跨境婚姻，成为中国边境地区的常住居民。婚姻移民的人口更在最近几年出现了爆发式增长。

一 中缅跨境婚姻移民人口的爆发式增长

最近几年妇联等部门的几份调查都显示了云南边境地区跨境婚姻的剧增现象。根据不完全统计，2012年德宏州中缅通婚10年以上的家庭有1865户，通婚少于10年的家庭则多达6751户，并预测"从增长幅度看，边民通婚逐年增加的情况将会愈演愈烈"。

2013年的数据进一步印证了这一趋势：云南省德宏州的跨境婚姻家庭中的51%是在近5年内结婚的，80.9%是在近10年内结婚的。近十余年，保山市边境乡镇跨境婚姻人口的年均增幅都超过10%，最高的（如丙麻乡、瓦渡乡）年增长达30%以上。2013年11—12月间，笔者在参与由云南省妇联组织的对保山市腾冲县、红河州金平县、普洱市江城县以及德宏州芒市4个地区的跨境婚姻现状调查中同样发现：云南省跨境婚姻出现大量增长始于2000年，2008年之后呈现出井喷态势。瑞丽市自2006年正式开始办理跨境婚姻登记以来，不到十年的时间里，跨境婚姻的登记数量增加了10倍还多。从2009年开始出现了大幅增长，并处于持续增长的态势中。①

二 亚洲地区跨境婚姻移民人口的剧增

跨境婚姻在一段时期内的剧增，并不仅限于中缅跨境婚姻中。在日本、韩国和中国台湾地区的跨境婚姻都曾出现过阶段性剧增的现象。

日本在1970年仅有2108位外国妇女嫁入。1980年之后，跨境婚姻女性移民迅速增加，1980年入境的跨境婚姻人口达4386人，而1990年增加为20026人，并在此后的5年间保持每年至少新增加21000人的幅度。② 特别是在1993年，跨境婚姻数量一度达到26657对，占当年日本新婚家庭总数的3.4%，而在1970年，跨境婚姻仅占新婚总数的0.5%。③

中国台湾地区也出现了类似的情况，20世纪80年代起通婚移民女性开始涌入台湾，一开始主要是有着同源文化的中国大陆女性，但随着20世纪90年代中国台湾地区在越南投资增大，越南女性成为跨境婚姻的主体。统计显示，在20世纪90年代后期，婚姻移民人数出现了年度明显增长，并在2000年达到了34291人次的年增长量，此

---

① 该数据为笔者于2015年6月24日在德宏州瑞丽市进行田野调查时获得的统计数据。
② MHW (Ministry of Health, Labor and Welfare, Japan), *Jinko Dotai Tokei no Gaikyo* (*Brief summary of Population Statistics*), http://www.mhw.go.jp/toukei/9nenfix/marr_k.html, 1995, 09.
③ Piper, Nicola, "International Marriage in Japan: 'Race' and 'Gender' perspectives-Gender", *Place & Culture*, Vol. 4, No. 3, 1997, pp. 39-51.

前中国台湾地区的通婚移民人口总数仅为16万人次左右。[1]

韩国跨境通婚人口在1991—1994年间每年不足3000人，到1995年出现了首次剧增，当年跨境通婚人口首次突破1万人，并在此后的7年间（到2002年）每年净增6000—10000位跨境通婚移民。2003年跨境通婚人口再一次剧增，年婚姻移民人数近20000人，并在2004—2009年一直保持在25000—30000人/年的增长量。[2]

第三节　中缅边境与亚洲地区跨境婚姻移民人口剧增的相似性

跨境婚姻移民人口阶段性剧增显然是中缅与上述这些国家/地区跨境婚姻的一个典型特征，基本呈现出以下三个相似性。

一　婚姻移民人口从相对贫穷的国家/地区迁移到相对富裕的国家/地区

跨境婚姻移民人口的大规模迁移都发生在迁入国家/地区经济高速发展的时期，日本、韩国和中国台湾地区的经济高速发展基本在同一时期，因此跨境婚姻人口剧增也发生在此阶段，所以常常被放在一起进行讨论。

中国台湾学者Hong-zen Wang等认为中国台湾的跨境婚姻市场是伴随着台湾的全球化投资扩张而发展起来的。[3] 日本学者将跨境婚姻移民人口的涌入视为经济发展繁荣的一部分。[4] 对韩国跨境婚姻人口

---

[1] Hong-zen Wang and Shu-ming Chang, "The Commodification of International Marriages: Cross-border Marriage Business in Taiwan and Viet Nam", *International Migration*, Vol. 19, No. 6, 2002, pp. 93–116.

[2] Hyunok Lee, "Political Economy of Cross-Border Marriage: EconomicDevelopment and Social Reproduction in Korea", *Feminist Economics*, Vol. 18, No. 2, 2012, pp. 177–200.

[3] Hong-zen Wang and Shu-ming Chang, "The Commodification of International Marriages: Cross-border Marriage Business in Taiwan and Viet Nam", *International Migration*, Vol. 19, No. 6, 2002, pp. 93–116.

[4] Nicola Piper, Labor Migration, "Trafficking and International Marriage: Female Cross-Border Movements into Japan", *Asian Journal of Women's Studies*, Vol. 5, No. 2, 1999, pp. 69–99.

的剧增，学者也认为是伴随着工业化的快速发展开始的。① Lucy William 在讨论其跨境移民相似性时说："与他们的邻国，如中国和其他像越南、泰国和菲律宾这样的东南亚国家相比，这三个国家/地区拥有更高的 GDP。"② 她同时总结到正是由于国（地区）与国（地区）经济发展的不同状况，引发了日本、韩国和中国台湾地区的社会变化，从而使得这些国家/地区出现"妇女短缺"（woman shortage）现象，男性找不到妻子，这种连锁反应为婚姻移民人口的涌入建立了一种逻辑上的联系。

在中国，GDP 总量从 1978 年的 3645 亿元增长为 2014 年的 636139 亿元，且 36 年间年增长率都保持在 6.2% 以上。2000—2013 年间，有 7 年的 GDP 年增长率甚至突破了 15%。③ 2000 年以后，也是大量缅甸女性移民人口跨过边境，嫁入中国边境地区的快速增长阶段。

边境线的另一方缅甸自 1948 年宣布独立以来，一直存在多股少数民族独立武装，连年内战，到现在一直没有停歇过。2011 年，缅甸政府军与克钦独立军的冲突再次爆发。动荡的社会局势与艰难的生存环境与中国经济的强势发展、和谐稳定的社会环境之间也形成了鲜明的对比，正是在这种对比中，中缅跨境婚姻呈现出"一边倒"的剧增现象。

二 跨境婚姻主要发生在这些国家/地区的农村人口和低收入人群中

20 世纪 80 年代后期，跨境婚姻作为一种解决"乡村光棍汉"婚姻问题的策略开始在韩国兴起，并引发了韩国民众的广泛讨论，这种讨论不仅关乎跨境婚姻人口的剧增，更在于乡村社区在工业化的高速发展下日渐式微并面临消逝的担忧。无独有偶，日本学者 Nicola

---

① Minjeong Kim, "Weaving Women's Agency into Representations of Marriage Migrants: Narrative Strategies with Reflective Practice", *Asian Journal of Women's Studies*, Vol. 19, No. 3, 2013, pp. 7–41.

② Lucy William, *Global Marriage: Cross-border Marriage Migration in Global Context Migration, Minorities and Citizenship*, London: Palgrave Macmillan, 2010, p. 26.

③ 数据引自国家统计局。

Piper 指出，日本跨境婚姻从一种民间自发的行为，发展为政府、媒体和商业机构等公共力量共同参与的行动，是从1985年一个名叫山形村（Yamagata）的小村庄开始的。山形村为解决本村男性娶妻难问题，投入了有组织的、有效的社会力量。此后很多边远乡镇和村庄纷纷效仿，成立中介机构，制定实施办法，为当地男性积极寻找外国妻子，从而解决乡村地区低生育率的问题。[1] 中国台湾地区的跨境婚姻主要是发生在工薪阶层（working-class）。这些男性主要从事体力劳动，例如卡车司机、农业、个体商贩等，绝大多数都为低收入者。[2]

中缅跨境婚姻同样也具备这一特征，缅甸女性移民主要嫁到中国与缅甸交界的边境农村地区，据有关统计，云南省境内85%的跨境通婚属于边民通婚，其中88%都分布在沿边乡镇。

这些国家/地区的男性初婚年纪都比较大，韩国2009年跨境婚姻男性的平均年龄为43.2周岁，[3] 中国台湾地区的跨境婚姻男性平均年龄为36岁，更有调查数据指出中国台湾30—39岁的男性迎娶当地女性的比例只占该年龄段男性人口的50%。[4] 有学者指出这类跨境婚姻中，男性娶妻并非只是为了结束其光棍生涯，繁衍后代，更是为了得到"不需支付报酬的劳动力"（unpaid labour）[5]。

三 跨境婚姻产生于同源文化内部并不断向外扩展

20世纪80年代最早的一批跨境婚姻移民进入韩国，她们是与韩国相邻的，与其文化相似的中国东北地区的朝鲜族妇女。由于整个跨境婚姻商业化过程的快速发展，中国籍的朝鲜族已经远远不能补充韩

---

[1] Piper, Nicola and Mina Roces, eds., *Wife or Worker? Asian Women and Migration*. Lanham, MD: Rowman and Littlefield, 2003, p. 117.

[2] Lucy William, *Global Marriage: Cross-border Marriage Migration in Global Context Migration, Minorities and Citizenship*, London: Palgrave Macmillan, 2010, p. 93.

[3] Korea Institute for Health and Social Affairs (KIHASA), *National Survey on Multicultural Families*, Seoul: KIHASA, 2010, p. 18.

[4] MOI (Ministry of the Interior, Republic of China), "The Analysis of the Marriage Condition in Taiwan", 1998, http://www.moi.gov.tw/W3/stat/topic/topic318.html, 1999.

[5] Lan, P., "Migrant Women's Bodies as Boundary Markers: Reproductive Crisis and Sexual Control in the Ethnic Frontiers of Taiwan", *Women in Culture and Society*, Vol. 33, No. 4, 2008, pp. 33–61.

国婚姻人口缺口，跨境婚姻移民人口开始向其他文化圈蔓延，来自中国其他地区和民族与越南、菲律宾、蒙古以及亚洲其他国家的妇女一起构成了整个韩国跨境婚姻移民人口的主力。一项来自中国台湾地区的数据显示，在中国台湾跨境婚姻移民人口主要由大陆地区、越南、马来西亚、菲律宾、印度尼西亚和新加坡的女性构成。到2000年，中国台湾跨境婚姻家庭占据了婚姻家庭总数的19%，而中国大陆女性占据了跨境婚姻人口的50%。[①] 日本男性在选择跨境婚姻对象时更愿意选择邻国韩国的女性，因为彼此语言接近，生活习俗基本相同。但是伴随着婚姻市场的扩张，日本跨境婚姻的人群也在逐渐向中国、菲律宾等国扩张。

就目前调研统计来看，中缅跨境通婚主要发生在边境各少数民族内部，德宏州缅籍入境婚姻人群中，跨境民族占98.5%，跨境婚姻家庭的夫妻双方大多数为同一民族。2015年笔者在德宏州进行调研时得到的数据表明，瑞丽市民政局统计的登记在册的跨境婚姻人数中，各民族所占人数及比例如图4-1所示。

当前中缅跨境婚姻主要集中在边境少数民族内部，但从中国学者的研究中可以看到，跨境婚姻正从边境乡镇向内地乡镇、县城蔓延，跨境通婚的半径越来越大。赵淑娟在对普洱市澜沧县的调查中发现：通婚由边境沿线逐步向内陆乡镇延伸，非边境乡镇的跨境通婚人口占总跨境通婚人口的42%；越远离边境地区，各少数民族的分布越分散，多民族杂居的现象越普遍，跨越同源民族之间的通婚的概率也就会增大。[②]

伴随着跨境婚姻移民人口在日韩和中国台湾地区的剧增，跨境通婚迅速从同源文化圈向其他文化圈扩展。在中缅跨境通婚中，随着通

---

① 根据引用的文献注释可知：台湾当局将大陆嫁入台湾地区的女性也视为本地公民。因此对大陆与台湾通婚的统计由专门的大陆事务管委会进行统计。但台湾学者进行跨境婚姻研究时，仍然将其纳入研究范围之内。此处仅作比较分析的客观呈现。参见 Hong-zen Wang and Shu-ming Chang, "The Commodification of International Marriages: Cross-border Marriage Business in Taiwan and Viet Nam", *International Migration*, Vol. 19, No. 6, 2002, pp. 93–116.

② 赵淑娟：《边民跨境通婚状况调查——以云南中缅边境为例》，《楚雄师范学院学报》2011年第10期。

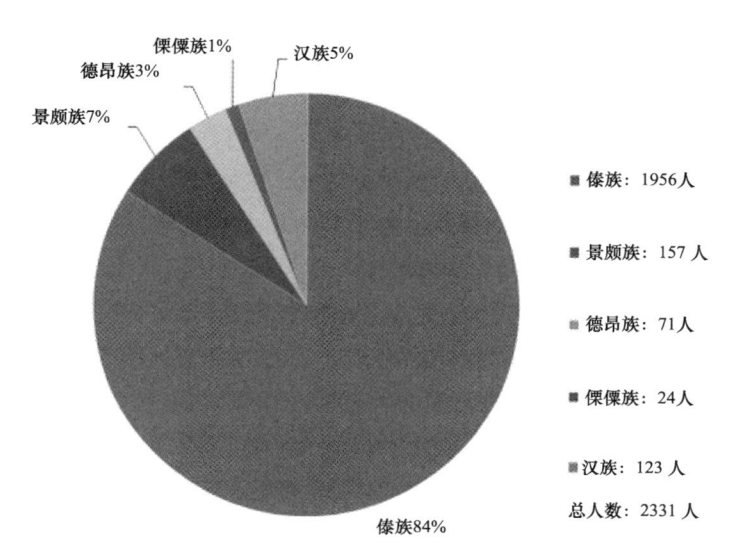

图 4-1　2006 年至 2015 年 6 月德宏州瑞丽市跨境婚姻登记人口各民族分布情况

数据来源：德宏州瑞丽市民政局，2015 年 6 月。

婚范围的不断扩大，类似现象也开始出现。

第四节　中缅跨境婚姻移民人口剧增的原因及应对

通过比较分析可以发现，在婚姻移民阶段性剧增这一共同特征下，中缅跨境婚姻和日韩、中国台湾地区的跨境婚姻之间有着很多背景和发展趋势上的相似性，但也具备一些与其他地区不同的特点。

首先，尽管这些跨境婚姻都是始于同源文化的跨国婚姻（intracultural cross-border marriage），但中缅跨境婚姻发生的群体显然更集中，更接近于人类学意义上的同族婚姻（endogamy）。在中华民族多元一体格局下，边境世居少数民族（其中很大一部分为人口较少民族）依然沿袭着特有的语言和风俗。同族婚姻正是发生于这些民族内部，与同源文化婚姻相比范围更窄。婚姻双方除了拥有共同的语言和文化之外,更重要的是他们之间有着可以追溯的亲缘甚至血缘关系。这是中缅跨境婚姻一个非常显著的特征。很多研究都将这一点视为跨境婚姻产生的原因。本章更倾向于将这种民族同源性(co-group)视作本土跨境婚姻的一个独有特征,它是历史性的(historical)、原始性的(primordial),也是功能性的(functional)。

其次,虽然所有这些跨境婚姻都是发生在国(地区)与国(地区)之间(transnational),但与其他跨境婚姻相比,中缅跨境婚姻更体现了地理上的临近性和易达到性。

同族性、地方性、自发性和非法性,是中缅跨境通婚区别于其他国家/地区跨境婚姻的四个显著特征。在这种差异性和相似性背后,在宏观、微观和中观三个层面还存在着中缅跨境婚姻剧增的三个关键因素。

一 经济发展中的移民转移与劳动力替补

很多本土学者采用推—拉理论来解释中国跨境婚姻移民人口增长的原因。但推—拉理论在解释人口、环境和经济这三个因素是如何结合在一起最终引发移民行动和持续增长上却是模糊不清的。英国学者Skeldon 指出:对于发展中国家的人口流动而言,推—拉理论并不是一个具备完整解释性的理论工具,因为它缺乏一个完整的解释性框架。[1]

移民转移理论(Transition theories)将跨境婚姻移民人口视为一个国家经济发展的内在部分(intrinsic part),认为一个国家经济社会发展得越快,人口流动性越大,这是一种必然的因果关系,尤其是在中国当前生育率较低、男女比例失衡、人口结构老龄化问题突出的背景下,跨境婚姻移民人口与其他形式的跨境移民人口将持续增长,这是一种势不可当的人口流动趋势。[2]

---

[1] Skeldon, R., *Population Mobility in Developing Countries: A Reinterpretation*, London: Belhaven Press, 1990, p. 125.
[2] Stephen Castles, "Hein De Haas & Mark J. Miller", *The Age of Migration: International Population Movements in the Modern World the Fifth Edition*, London: Palgrave Macmillan, 2014, p. 425.

移民转移理论还将移民分为地方性的（local）、区域性的（regional）和全球性的（global）三个层次，越是经济发展活跃的社会，三个层次的人口的流动性越大，且移民类型呈现出多样化的特征。伴随着中国改革开放发展，中国成了一个人口流动多样化的国家，至少包括了三种类型的移民人口：一是城市化进程中，大量失去土地和寻找工作机会的农村人口向城市迁移；二是作为传统的移民输出国，每年仍有大量的移民迁至国外；三是从边境地区开始有大批的东南亚和其他国家移民进入中国，这些移民中既有跨境婚姻移民，也有其他劳动力移民。

在第一种类型的移民中，大量的女性嫁入城市。这些人口的流动对农村社会结构造成了冲击，农村未婚女性向城市的流动，除了对未婚男青年的婚姻造成了直接的影响，也是农村劳动力流失的一种体现。

有学者将跨境婚姻移民人口称为劳动力转移的副产品（By-product）[1]。对于中国边境地区来说，跨境婚姻移民女性本身就是一种劳动力。她们嫁入中国，除了扮演妻子、母亲的角色外，作为家庭成员还承担着包括做家务、务农、打工等其他劳动活动，所有这些活动都是社会再生产活动的一部分。因此，中缅跨境婚姻移民是中国农村劳动力短缺现象出现后，作为替补劳动力大量产生的。只有承认这一群体作为劳动力的属性和价值，才能真正解释婚姻移民人口出现剧增的根本原因。

二 跨境婚姻移民妇女的渴望、能力与行动

移民转移理论解释了经济社会发展与移民劳动力转移之间的因果联系。但对于跨境婚姻移民个体而言，主体性的发挥是个体移民行动得以实现的直接原因。Carling 认为："个体移民可以概括为是在个体基于对移民的渴望（aspiration）与实施能力（capability）的共同作用下完成的。"[2] 就中缅跨境婚姻来说，这种"渴望"和"实施能力"

---

[1] Balibar, E., "Racism and Nationalism", in Balibar, E. and Wallerstein, Stephen Castles（eds）, *Race, Nation, Class: Ambiguous Identities*, London: Verso, 1991, p. 134.

[2] Carling, J., "Migration in the Age of Involuntary Inmobility: Theoretical Reflections and Cape Verdean Experiences", *Journal of Ethnic and Migration Studies*, Vol. 28, No. 1, 2002, pp. 5-42.

可以解释为妇女主体能动性（Women's agency）。妇女主体能动性是一个复杂的社会文化结构，这个结构是受妇女生活的家庭、族群、社区和国家等文化和价值影响形成并发挥作用的。也就是说，虽然大多数女性是自主选择跨境通婚的，但这种选择的过程是深受整个社会文化和价值观念影响的。

做出通婚选择既出自对母国社会（natalworld）政局不稳定、发展不平等的担忧，也受到上文提到过的"上嫁婚配"的世俗观点影响，渴望嫁得好一些或者受到自身家庭内部的影响。但毋庸置疑的是，虽然她们的经历各有不同，但这些出生于更贫穷国家、受教育程度较低的妇女都是希望能过上更好的生活，这是妇女发展向上流动的需要。在笔者访谈过程中，还有一部分缅甸跨境婚姻妇女表示，她们一开始并没有想过一定要嫁到中国，只是在中国边境地区打工的过程中与中国男性恋爱、结婚，并最终定居的。对于这部分人而言，婚姻不是移民的目的，是伴随着移民行动产生的结果，却最终结束了她们漂泊的打工生涯，使她们成为生活在中国边疆地区的永久性居民。

在共同的社会文化观念的影响下，越来越多的缅甸妇女怀揣着各自不同的经历，却做出了相似的决定：嫁到中国来。这是一种集体无意识的行动，也是主体能动性在限制范围内实施的结果。

三　移民反馈机制的吸纳与累积效应

妇女的主体能动性除了导致她们自己的婚姻移民行动以外，还对潜在的移民群体产生了巨大的影响。在德宏州中缅边境的村庄进行访谈时，时常有女性会自豪地宣称自己是嫁入本村的第一个缅甸人。这些人有20多年前嫁入的，也有近5年内嫁入的。无论是哪个阶段的，这些最早进入本地的跨境婚姻妇女都可以被称作"婚姻移民的先驱"。她们的到来，不仅迅速建立起一个连接国与国的移民关系网络，更形成了一种不断鼓励新移民嫁入的反馈机制，为新移民的进入带来了便利。

地理学者Mabogunje是最早强调这个移民反馈机制重要性的人。他认为，移民者的经历、收获和成功会很快传回他的家乡和国家，并由此引发这些地区居民对于新生活的期望，为更多的人传递了移民的勇气，甚至直接导致了她们的婚姻移民选择。移民反馈机制常常用于解释那些由某一个固定村庄、城市或者地区的人移民至另一个相对具体的村庄、城市、地区的移民行为。[1] 在中缅边境线上，地理的临近性和民族同源性为移民反馈机制的形成和完善提供了天然的条件，在便利的交通、电话甚至微信等现代技术性工具的支持下，她们与母国的联系快捷且密切，也因此从境外同村一起嫁入境内同村的现象非常普遍。在这种由人际关系扩展起来的移民反馈机制的累积效应下，跨境婚姻移民人口的剧增就毫无意外地发生了。

总之，跨境婚姻移民是中国人口输入的一个重要来源，中缅跨境婚姻移民由于数量庞大、涉及民族较多，在中国本土跨境婚姻移民研究中有着典型的代表性意义。尽管中缅跨境婚姻移民人口是以婚姻为介质进入中国边境的，但应该认识到这些移民本质上是在中缅两国经济发展不平衡的背景下，由于劳动力市场的作用，作为农村劳动力的补充而涌入的，这种流动和发生在亚洲其他国家的婚姻人口流动现象在本质上是一样的。在中国经济发展持续向好的趋势下，跨境婚姻移民人口剧增不会是一个短期的现象，而会伴随着经济的发展一直持续发展，甚至进一步加剧。

与日韩、中国台湾地区相比，中缅跨境婚姻的商品性和非同源文化间的跨境通婚现象还不明显。但随着人口老龄化问题的进一步发展、人口性别比例的持续失衡、人口生育率的继续走低，跨境婚姻由自发性转变为商业性，很可能是所有本土跨境婚姻未来发展的趋势，应该给予足够的重视。

由于中国长期是一个移民输出大国，对移民输入的研究缺乏相应的理论根基和本土根基，目前国内对本土的跨境婚姻研究更多还停留在跨境民族、婚姻家庭等方面。就目前的发展趋势而言，跨境婚姻移民人口将成为中国改革开放以来，继国内农民工流动问题之后重要的人口流动问题之一，它同时关乎中国劳动力市场发展和边疆地区的安

---

[1] Mabogunje, A. L., "System Approach to a Theory of Rural-Urban Migration", *Geographical Analysis*, Vol. 2, No. 1, 1970, pp. 1–18.

全稳定。应该将本土跨境婚姻人口研究上升至当代中国人口发展战略研究的一个重要组成部分，对政策的制定和完善提供更深刻的理论研究支持。

目前的首要任务是尽快对中缅以及其他境内跨境婚姻移民人口进行普查和精确统计。由于绝大多数跨境人口婚后定居在农村，很少发生迁移，这个普查应该由各地乡镇一级政府完成后上报，并建立互联网跟踪系统，使民政、公安、妇联、计生等各个部门的统计数据统一化，实现人口数据的公开及共享。中缅跨境婚姻移民人口治理面对的主要矛盾是移民人口的剧增与现行法律制度的欠缺。由于缺乏国家政策的解释与支持，云南省跨境婚姻的管理思路还停留在"不提倡、不鼓励、要管理、要服务"上，这种态度含糊、定性模糊的管理方式是不能适应跨境婚姻剧增发展趋势的。应在顶层设计上积极参考亚洲其他地区的治理经验，制定相应法律政策，在跨境婚姻移民达到一定婚龄后赋予其合法永久居民的身份。居民身份（denizenship）是当前移民输入国解决跨境婚姻配偶身份主要采用的方式，因为"家庭团聚"原则是国际上对婚姻移民的通行原则，这不仅是对移民配偶及其家庭的尊重，也是对移民劳动力的一种保护，也唯有如此，才能对这一类型的移民人口更好地进行社会治理。

第 五 章

来自缅甸女儿的汇款

第一节 作为跨境移民的缅甸妇女

1979年美国经济学者迈克尔·J. 皮尔（Michael J. Piore）出版了《迁徙的鸟儿：移民劳力与工业化社会》（*Birds of Passage：Migrant Labor and Industrial Societies*），代表当时西方社会科学研究者对于全球工业化浪潮下，从第三世界输出的移民跨越边界，注入发达国家劳动力市场的普遍关注。这本专著一改当时移民研究大多只站在"推—拉"理论中"推出"的视角，单向度地从移民输出国欠发达的经济生产环境，以及为追求更高收入移民所施展的能动性来审视劳动力的跨国流动，而是从"拉进"的路径切入，以美国为观察点，揭示发达国家产业化所形成的双重劳动力市场，对高技能与低技能移民的两极化需求。① 尽管这本书被誉为理解劳动力流动和移民贡献的经典著作，可是与那个时期移民研究所存在的局限一样，这仍是一次无性别视角的移民研究。

随后，在移民全球化现象显露的新趋势中，女性不再作为男性移民"影子伴侣"同行，而成为独立的、多种类型的移民者。与此同时，性别研究继续高歌猛进，它所具有的跨学科包容与渗透性，使越来越多的研究者提出批评，指责当时的研究要么全然"看不见"女

---

① Piore, M. J., *Birds of Passage：Migrant Labor and Industrial Societies*, Cambridge: England, Cambridge University, 1979.

性移民，要么仅将其作为"随行配偶"（trailing spouse），在需要展示移民全景时，才"加入妇女，搅一搅"（add women and stir）。批评者急于改变女性移民在研究视域中的"隐身"（invisible）处境，展示她们的跨国活动、移民身份、境遇和贡献。[1]

1984年，欧洲学者米丽雅娜·莫罗科瓦西奇（Mirjana Morokvasic）率先发表论文《迁徙的鸟儿也有女性》（Birds of Passage are also Women）。她系统介绍了全球移民的女性化现象及趋势，呼吁各国政府、媒体以及学界都要去"发现"在20世纪70年代末20世纪80年代初的移民研究中，一直被忽略的女性移民群体及移民女性化现象。她指出，身处边缘区域的妇女，所处的本地生产环境无法提供更多的就业机会，她们成了一种现成的、既脆弱又灵活的劳动力资源。在性别分割的劳动力市场上，她们位于高技术产业中的最底层，或者在劳动密集型产业中的"最廉价"环节工作。莫罗科瓦西奇不仅关注发展中国家流向发达国家的女性移工，还把目光投向了东南亚，认为发达国家在东南亚的离岸制造工厂的运转，正是受惠于东南亚年轻的、接受过高中教育的女性。[2] 20世纪80年代中期以后，在一批学者的共同努力之下，"隐形"的女性移民已成为移民研究中的主角。在亚洲内部，各个国家/地区之间经济发展的不平衡，推动处于欠发展地区的女性，除了进行远距离、跨区域的南—北迁徙之外，也在区域内部，主要以跨国婚姻和劳工迁徙两种形式踏上流动的路途。

世界银行的报告指出：2017年缅甸有26%的人口生活在贫困线下。[3] 一批又一批遭遇生存困境的缅甸青年，在国内难以找到就业机会，走向背井离乡之路。相关数据显示，2015年约有310万缅甸籍移民生活在国外。经济困顿之下，大部分人难以完成远程旅行，周边国家就成为他们逃离困境的首选目标国。以泰国为例，2010年泰国境内约有200万—300万的外国移民，其中约有80%来

---

[1] 陈雪：《国外性别与移民研究的互动》，《妇女研究论丛》2016年第4期。
[2] Morokvasic, Mirjana, "Birds of Passage are also Women", *International Migration Review*, Vol. 18, No. 4, 1984, pp. 886–907.
[3] Randall Akee and Devesh Kapur, "Myanmar Remittances", October 2017.

自缅甸。① 在缅甸向外输出的移民中，也包括女性。除了通过寻找跨国伴侣，实现迁徙与定居之外，她们还进入跨国劳动力市场。劳动力的性别分工，使她们抵达异国他乡后，再分流到需要"灵巧双手"作业的制造厂、公共和私人领域的照护和服务产业、合法与非法的娱乐和性产业，以及渔业和农业等各个在地行业之中。

2014年8月，课题组来到边城瑞丽，在城市周边的村庄里开展中缅跨境婚姻移民的田野调查。2014年12月—2015年5月，课题组负责人参加总部设在缅甸曼德勒的非政府组织"湄公移民网络"（Mekong Migration Network）所发起的针对湄公河次区域国家女性移民健康问题的调查项目，② 调查的对象既包括婚姻移民，也包括女性移工。那次调查中一个重要的发现是，受访的女性移民都与身处缅甸的原生家庭保持着割舍不断的、经济和情感上的往来。虽然她们中有的人已经成为经济独立的工作者，有的甚至组建了新的家庭，成了别人的妻子、儿媳，孩子的母亲。但作为"缅甸的女儿"，作为一条从家乡流出的"沉默而又浩瀚的河流"（silent and mighty river）③，她们将跨国行动中累积的经济性、社会性的资源传回缅甸。这种传递有如涓涓细流，国家交往、区域发展的宏观视角和叙事方式，很容易因为性别盲视，忽略它的存在。

从2018年7月至2019年6月，课题组数次回到瑞丽，通过偶遇、滚雪球、朋友介绍、劳务中介组织，以及之前联络的NGO组织等路径，进入多个行业陆续访谈了25名缅甸女性移民。每位女性每次受访时间都在2个小时以上，有的受访者接受了数次非正式访谈。笔者还与其中2位女性加为微信好友，对她们线上和线下的生活进行了参与式观察。受访女性的年龄在17—38岁之间，族群分布为汉族

---

① "Thailand Burma Border Consortium. 2010 program report：July to December"，下载链接：http：//reliefweb. int/sites/reliefweb. int/files/resources/6B57EE621569F9A249257848001193FA-Full_ Report. pdf。

② 调查报告详见 Mekong Migration Network，"Self-Care & Health Care：How Migrant Women in The Great Mekong Subregion Take Care of Their Health"，Chiang Mai：Chiang Mai University，2015。

③ UNPFA，"State of World Population 2006：A Passage to Hope：Women and InternationalMigration"，2016。

5人、缅族12人、傣族4人、景颇族2人、德昂族和果敢族各1人；婚姻状况为15人已婚，7人未婚，1人离异，2人再婚；受教育程度为3人小学未毕业，6人小学毕业后辍学，5人初中未毕业，1人初中毕业后外出打工，3人未上完高中，3人高中毕业，还有4人拥有大学本科学历。① 访谈还包括与女性移民有着日常和必要交集的政府官员、雇主、中介、NGO组织，以及她们的配偶和子女等关键人物。

25位受访女性在瑞丽从事不同类型的工作，有的女性在务工期间又与中国人结婚，成为跨境婚姻移民。尽管受教育程度和掌握汉语的程度对收入高低造成直接影响，但异国身份、族群的复杂性，以及身份和工作的流动性，使她们大多散落于跨国底层空间，成为碎片化的流动者。本文想要以汇款为一面透镜，探寻在宏大的、复杂的湄公河区域流动历史，以及具有时代特殊性的中缅边界运制之下，被掩盖的女性迁徙者在跨国行动中所展示的微小却真实、柔软又坚韧的力量。在瑞丽这个特殊的前沿地带，缅甸女儿们的故事显然具有地理异质性色彩，但伴随"一带一路"中国与湄公河区域形成的紧密联结，却是我们与"他者"相遇时奏响的新乐章中，一支不应被遗忘的曲目。

课题组访谈的25位女性就分别来自缅甸的四个邦或省，除了与云南毗邻的克钦邦与掸邦之外，她们中的很大一部分来自中部的曼德勒省，以及中南部的马圭省。

在瑞丽一家专门从事缅籍劳务中介服务的公司，我从公司统计用工需求的软件上看到，当地劳动力市场对女工的需求，既涉及建筑、水电、玉石加工、种植、厨师、修理以及搬运这类性别区隔不显著的工种，还有诸如保洁、家政、美容美发、按摩、玉石在线销售直播主持人以及保姆等具有女性针对性的工作。缅甸女性在瑞丽的收入与她们掌握中文的程度直接相关。缅甸华侨大多具有较强的中文读写能力，常常受聘于翻译、文秘以及车间流水线上的管理岗位，每月的工资收入在2000—3500元区间，而只懂得缅语或者其他族群语言的女性，如果不掌握特别的技能，只能在劳动力市场上寻找到每月600—

---

① 缅甸基础教育学制为10年（缅甸人称为"10档"），其中1—4档（年级）为小学，5—8档（年级）为初级中学，9、10档（年级）为高级中学。

1400元的工作。因为薪酬很低,无论是懂汉语的华侨,还是低价、低技能的女工,都能很快在劳动力市场上寻找到工作机会,而雇主一般都会提供包吃包住的补充性条件来留住工人。劳务中介公司负责人告诉课题组,他们发现瑞丽很多家庭对缅籍家政服务人员有着强大的潜在需求,正计划开办专业的家政服务人员培训体系,从而进一步开发整个家政服务市场。瑞丽市工业园提供的数据显示了制造企业对缅籍女工的用工偏好。2018年,工业园区内共有4075位缅籍工人,其中女工人数占据了近65%。[1] 较早进入工业园的首饰加工厂的老总嗅到了新来企业对于缅籍女性劳力的需求,开始发动工厂里的工人,要他们回到缅甸家乡去招揽更多的打工者过来,再把这些工人打包输送到需要的企业中。

学者王爱华(Aihwa Ong)认为,在理解移民的跨国迁徙时,要理解资本,是如何与在地政治以及各种情景化的要素交织在一起,并最终形成一种"全球聚集"(global assemblage)。[2] 缅甸女工的跨国行动,既是湄公河流域人口迁徙的历史延续,也有来自中国发展所产生的动力机制。在这一新的动力机制中,我们既能瞥见全球制造企业为求自保,所寻求的资本和生产转移逻辑,也能注意到一个位于国家行政力量边缘地带的地方,是如何在国家寻求新的对外发展关系中,向着新的区域国际化都市转型的过程。正是在这种转变过程中,历史上就处于边界空间移动的女性,被更深地带入性别化的劳动之中。与此同时,她们不再只是扮演跨境婚姻移民或者随行配偶的刻板女性移民角色,而是既从事传统的非规范经济活动,也因为资本和政策的力量联合,有越来越多的机会参与正规经济领域的工作。

第二节 女性汇款传递的图景

2000年出生的苏苏,来自掸邦首府东枝旁的一个小村庄。2018

---

[1] 相关数据由瑞丽市工业园区提供。

[2] Aihwa Ong, "Neoliberalism as Mobile Technology", *Transactions of the Institute of British Geographers*, Vol. 32, No. 1, 2007, pp. 3-8.

年课题组第一次见到她时,她还未满 18 岁。那时她才到姐告一家按摩店工作三个来月,已经向家里汇过三次钱,最多的一次是 40 万缅币(不到 2000 元人民币)。[①] 从姐告国门进入木姐再步行 10 分钟左右,到达一座三层高的小楼前,小楼上悬挂着"MCB"的标识,是缅甸公民银行(Myanmar Citizens Bank)的一个营业点。银行每周一至周五营业,苏苏就是从这里向家里汇钱。中缅双方的银行都还不能进行人民币和缅币的直接兑换,[②] 苏苏要先在银行外面私人经营的兑换摊位上,把人民币换成缅币,再去银行汇款。

有关移民和汇款的研究中,性别视角下汇款传递的两性差异一直是研究的重点。尽管移民的汇款观念和汇款实践具有"很深的情景化差异"(profound contextual differences),[③] 但大部分学者还是认为:虽然男性移民赚取的工资普遍要高于女性移民,但与男性相比,妇女却是"更好"的汇款人,她们的汇款占收入的比例更大,也更有规律性。[④] 尤其是在东南亚地区,佛教传统下的性别观念,以及对男童和女童的社会期待和教化的差别,赋予女性更多的家庭责任,因此她们对家庭也更为重视。学者大崎庆子(Keiko Osaki)就指出:在泰国由于信仰南传佛教,人们在尘世间修功德的方式形成了性别化的路径,男性通过脱离俗世,去做僧侣来积功德;女性的修行则更加世俗化,促进家庭福祉成为她们积功德的主要方式。也因此,女性在经济活动中扮演了重要的角色。[⑤] 在越南,女孩在成长的社会化过程中,不断地被灌输这样一种观念:"如果不能从家庭发展的角度出发,不通过物质和情感的支持来实现她们对父母的报答,对家庭的责任,那

---

① 2019 年 7 月,人民币对缅币的汇率约为 1∶185。
② 瑞丽一家银行的负责人告诉我,目前中国银行瑞丽支行已经启动了人民币和缅币直接兑换的业务,但只对企业开放,尚未对个人用户开放兑换业务。
③ Harper, Robin, A. and H. Zubida, "Being Seen: Visibility, Families and Dynamic Remittance Practices", *Migration and Development*, Vol. 7, No. 1, 2018, pp. 5–25.
④ Pfeiffer, L. and J. E. Taylor, "Gender and the Impacts of International Migration: Evidence from Rural Mexico Over Time", in A. R. Morrison, M. Schiff, and M. Sjoblom (eds.), *Theinternational Migration of Women*, New York: World Bank and Palgrave Macmillan, 2008, pp. 99–124.
⑤ Keiko Osaki, "Economic Interactions of Migrants and their Households of Origin: Are Women More Reliable Supporters?", *Asian and Pacific Migration Journal*, Vol. 8, No. 4, 1999.

么她们的存在就没有价值。"① 宗教观念和社会教化的双重作用力下，女性成为更具有奉献感和"利他精神"（altruistic）的汇款生产和传递者。

早在进入殖民时代之前，缅甸妇女就拥有较高的经济地位。传统的缅甸佛教社会，推行从母居（matrilocal），且女性和男性一样，拥有平等的土地和继承权。② 佛教对女性功德修行的要求，使其在家庭经济事务中拥有较高的参与权和掌控权。但缅甸社会在赋予女性经济参与权利的同时，并没有使她们获得与男性相同的社会地位。因此学者久崎骏（Kyoko Kusakabe）等通过对身处泰国的缅甸女性移工进行的调查，指出与其说缅甸女性享有较高的经济权利，毋宁说她们背负着更为沉重的"义务网络"（network of obligation）。义务网络是指家庭会挑选特定的成员进行移民，以期通过他们的汇款，使家庭收入多元化，使家庭更好地应对社会风险。和越南女性相似，对父母孝顺，对家庭供养，是缅甸女儿价值内化（value introjection）中的重要部分。缅甸女性，尽管远离故土，依然与原生家庭保持着紧密的联系，通过汇款来履行她们作为女儿的责任，尤其是在发生经济危机的时候，即便遭遇失业、降薪等风险，女儿们依然会排除困难，向家中寄钱，她们是比儿子们更可靠的汇款人。③

25位受访女性中，有15人每月固定向远在缅甸的家庭寄回现金，她们的月收入只在500—3500元之间，每月汇款占收入的平均比例却达到了63.06%，一些女性甚至将每月收入的95%以上都寄回家。其余10人中，有3人会根据家庭的需要，不定期地进行汇款；有4人因为是往返于中缅之间从事原石售卖，以及经营小吃摊位的跨国流动商贩，会将钱直接带回缅甸的家；另有1人是作为随行配偶陪

---

① Danièle Bélanger, Tran Giang Linh & Le Bach Duong, "Marriage Migrants as Emigrants: Remittances of Marriage Migrant Women from Vietnam to Their Natal Families", *Asian Population Studies*, Vol. 7, No. 2, 2011.

② Khaing, Mi Mi, *The World of Burmese Women*, London: Zed Books, 1984.

③ Pearson, R., Kusakabe, K., "Remittances and Women's Agency: Managing Networks of Obligation among Burmese Migrant workers in Thailand", in Lan Anh Hoang and Brenda S. A. Yeoh (eds.), *Transnational Labour Migration, Remittances and the Changing Family in Asia*, London: Palgrave Macmillan, 2015, pp. 50-81.

伴丈夫来打工的，对家庭经济收入没有支配权；还有 1 人刚到瑞丽落脚 2 个月，尚在实习阶段，因此还未向家中汇款，但在来中国之前，已经通过勤工俭学，每月向家中汇去 10 万缅币；最后还有 1 人离异后，找到了新的中国籍配偶，将与前夫所生孩子，以及家里所剩的母亲和弟弟都带到了瑞丽。

在久崎骏的调查中，她发现泰国的缅甸移民主要通过非正式的"亨迪系统"（hundi system），即由中介人形成的民间跨国金融网络来进行汇款。① 在瑞丽也有很多类似的机构，被当地人称为"地下钱庄"。可是，受访女性却没有人通过这种方式来进行汇款。在瑞丽选择地下钱庄的，往往是汇款金额较大的境内外生意人，前来瑞丽务工的女性，汇款金额较小，缅甸银行是她们首选的汇款渠道。除了上文提到的缅甸公民银行外，在距离国门几百米的地方就是缅甸嘎莫萨银行（Kanbawza Bank），这里也是女性移民经常汇款的地方。除此之外，受访女性还会通过微信、缅甸移动金融服务商 Wave Money，以及自己或者亲属带回的方式向在缅甸的家庭汇款。图 5-1 显示了她们所采用的四种汇款方式，以及每种汇款方式为女性移民所使用的比例情况。

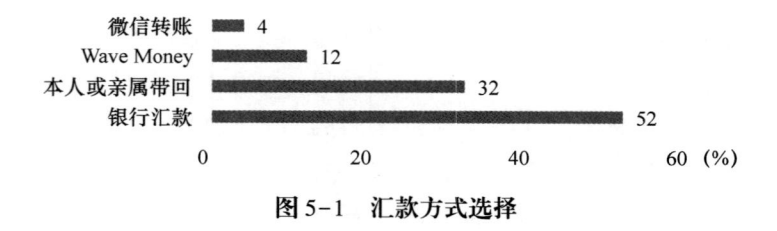

汇款方式	比例
微信转账	4
Wave Money	12
本人或亲属带回	32
银行汇款	52

图 5-1　汇款方式选择

虽然受访女性没有采用非正式的地下钱庄进行汇款，但由于银行还未开放缅币和人民币之间的直接兑换，女性移民在汇款之前的货币兑换环节还是必须要通过"地下兑换点"来完成。也因此，这种汇

---

① Pearson, R., Kusakabe, K., "Remittances and Women's Agency: Managing Networks of Obligation among Burmese Migrant workers in Thailand", in Lan Anh Hoang and Brenda S. A. Yeoh (eds.), *Transnational Labour Migration, Remittances and the Changing Family in Asia*, London: Palgrave Macmillan, 2015, pp. 50-81.

款常常是结合了非正式与正式两个环节而完成的传递过程。例如在劳务公司做翻译的山月，通过电话中介 Wave Money，可以完成即时转账。但她首先需要到 Wave Money 的摊点前把人民币兑换为缅币后，再通过短信进行下一步的操作。在缅甸的家人通过短信收到的账号和山月告知他们的动态密码就可以去把钱取出来。两国货币未能实现直接兑换，给女性们的汇款增加了成本。在兑换环节，她们会被中介拿走一部分汇率差价；在汇款环节，山月告诉我若是通过银行汇款，在嘎莫萨银行汇寄 1 万—20 万缅币的手续费为 700 缅币，20 万以上缅币汇费则更高，若以 Wave Money 汇款，每汇约等于 500 元人民币的缅币，手续费就多达 10 元左右。尽管手续费很高，大部分女性移民还是把在瑞丽辛苦赚到的钱寄回家。

第三节 未婚女儿的奉献与期许

2018 年 8 月刚到瑞丽按摩店工作 3 个月的苏苏，已经先后给家里汇去了 5000 元。但她的父母并不知道这么一大笔收入，苏苏是怎么赚到的。苏苏打工这家店的老板娘也是一位缅甸女性，在从事按摩服务 5 年之后，自己开了店。说是按摩店，其实包括一个按摩店和一个 KTV，常来的客人大多为穿梭于中缅之间的缅籍卡车司机。店里有 12 个缅甸女孩，年纪从十七八岁到三十几岁不等。女孩们来来去去，流动性很强。女孩们白天在按摩店，晚上在 KTV 陪唱。苏苏说，给客人按摩，或者跟客人外出的收费为 50 元/小时，老板娘抽走 35 元，她可以留下 15 元；若是在 KTV 陪唱收费为 30 元/小时，她可以从中拿到 10 元。老板娘包吃包住，钱就这样一点点积攒下来。来瑞丽之前，苏苏已经在老家读完了 10 档，没能考上大学，于是外出打工。她先是在木姐一家商店做售货员卖了几个月的东西，嫌工资太低，就来瑞丽做了这行。家里 16 岁的弟弟还在私立高中读 9 档，一年学费和生活费加起来的费用约合人民币 1 万元，父母都是农民赚不到什么钱，所以都指望她。苏苏告诉课题组，缅甸一个普通公务员的工资折合人民币为 600—800 元/月，所以她寄回的钱是一笔极为可观的收入。可是，她在这里所做的一切都严严实实地瞒着家里人，瞒着她以前的朋友。她的好朋友都进入了大学，她和她们也不再往来。我问："如果不是为了弟弟，你还会在这里工作吗？"苏苏用她依旧充满孩子气的眼睛看着我摇摇头，但马上补充说，这是她应该做的，她并不后悔。

女性移民对留守家庭的经济贡献不容忽视。联合国的调查显示，在亚太地区，女性移民的汇款帮助她们的原生家庭摆脱贫困。妇女汇款中的一大半用于购买日常消费品、提高卫生保健条件，以及教育投资。尤其是未婚女性移民的汇款，常常用于供养父母以及兄弟姊妹。[①] 菲律宾家庭依赖未婚的女儿在海外赚钱后提供给家庭稳定的收入，来满足留守家庭成员的短期需要。[②] 在泰国，未婚女儿需要供养父母是一种文化期待，并不断地被固化传递给女儿们。[③] 我访谈的7位未婚女性移民中，有6人每月都向原生家庭汇款，汇款占收入的平均比例高达66.49%。缅甸未婚女儿的汇款既用来回报父母，改善他们的日常生活，支持他们的医疗费用，还有很大一部分用来支付家中未成年弟妹们读书的费用。

1989年出生的玛心和妹妹两个人都在瑞丽打工，她在当地一户公务员双职工家庭做了5年保姆，小她2岁的妹妹则在一家制衣厂工作。她和妹妹的工资加起来不过2700元，两个人相约每月往家寄回2000元。这些汇款不仅用来帮助家中最小的妹妹交学费，还给哥哥买了耕地的牛，给家里盖了新房。玛心拿出手机，给我看远在曼德勒省的新房照片。房子才盖好不久，她和妹妹还没回去住过。从瑞丽往返家乡的车费需要700元人民币/人，这对她们来说是笔巨大的开销，她们舍不得回去。当女儿们成为家庭中重要且稳定的经济供给人时，她们获得的是对自己婚姻的决定权。玛心告诉课题组，家里人从来不催促她和妹妹的婚事。而她已经打定主意要孤独终老。她还认为自己

[①] Bhadra, C., "International Labor Migration of Nepalese Women: Impact of their Remittances on Poverty Reduction", *ARTNeT Working Paper Series*, No. 44, 2017.

[②] Lauby, J. and O. Stark, "Individual Migration as a Family Strategy: Young Women in the Philippines", *Population Studies*, Vol. 42, 1988, pp. 473-486.

[③] Osaki, K., "Migrant Remittances in Thailand: Economic Necessity or Social Norm?", *Journal of Population Research*, Vol. 20, No. 2, 2003, pp. 203-222.

现在给家里汇钱,帮助了哥哥和妹妹,等她步入老年,若有需要,他们的孩子肯定会来照顾她。不只玛心有这样的想法,在大排档打工的美丽也是这样打算的。但她们都没和父母,以及兄弟姐妹直接谈论过这件"太遥远的"事,就像她们也从来不问家里人如何支配汇去的钱。

基于对非洲佛得角的调查,学者丽莎·艾克森(Lisa Åkesson)认为汇款是一种长时段且含蓄的互惠机制,具有布迪厄针对礼物交换所概括的特点:它们传递时都指向一个不需要立刻回应,但在未来却有所回报的期待。这种期待在传递者与接纳者之间都不会直接表达出来,它是"言明的禁忌"(taboo of making things explicit)。[1]从这个意义来说,汇款既是未婚女儿对原生家庭的奉献,具有利他性,但也应该看到它的互惠性,可以视其为缅甸社会保障体系缺失之下,大家庭内部移民者与留守者之间所建立的虽无契约,却彼此默认的互助策略。

第四节 已婚妇女的多重角色、负担以及应对

大部分的研究都认为原生家庭对女儿的汇款期待停留在婚前,婚后女儿们要照顾新的家庭及自己的子女,很难保证再向原生家庭提供规律和持续的汇款。[2] 学者露丝·皮尔森(Ruth Pearson)等在追问身在泰国的已婚缅甸女性汇款的去向时,则发现妇女的汇款往往流向帮她们照料孩子的亲属手中。皮尔森指出难以获得泰国和缅甸公共育儿资源的缅甸女性,为解决母亲缺场的照料责任,大多请父母或者公婆帮忙照料孩子,而她们的汇款实际上同时照料了老人和孩子两代人。[3]

---

[1] Lisa Åkesson, "Remittances and Relationships: Exchange in Cape Verdean Transnational Families", *Ethnos*, Vol. 76, No. 3, 2017, pp. 326-347.

[2] Niimi, Yoko and B. Reilly, "Gender Differences in Remittance Behavior: Evidence from Vietnam", *The Singapore Economic Review*, Vol. 56, No. 2, 2011, pp. 215-237.

[3] Pearson, R., Kusakabe, K., "Who Cares? Gender, Reproduction, and Care Chains of Burmese Migrant Workers in Thailand", *Feminist Economics*, Vol. 18, No. 2, 2012, pp. 149-175.

我们的调查则发现，尽管缅甸妇女婚后对于汇款的分配、流向以及方式发生着改变，但这并不意味着妇女向娘家输送汇款的终结，又或者她们只会将汇款输送给帮助她们照料孩子的亲人。当缅甸女性成为妻子、儿媳和母亲之后，她们作为女儿的角色并不曾消失，她们担负起照料娘家、婆家以及新生小家三个家庭的责任。恰如学者久崎骏所言：婚后缅甸女性仍然履行着对原生家庭进行经济支持的义务。只是，移民女性在家庭内部的地位，以及她们与丈夫的关系等多重因素，共同决定了已婚女性以怎样的分配方式和形式开展对三个家庭的汇款和照顾。

1996年出生的南珠和丈夫都在工业园区的帽业厂工作，她的收入为1300元/月，丈夫收入为1500元/月。他们3岁的孩子，由南珠远在曼德勒瓦城的父母帮忙照料。南珠和丈夫每个月寄回娘家2700元，夫妻二人只在每年点灯节返乡时才给公婆捎去礼物。做保洁员的卡茵却采用另一种汇款方式。卡茵的丈夫、孩子都和婆家共同生活在马圭省，娘家则在曼德勒省。通过和丈夫协商后，她每月都将1400元收入中的1000元寄回缅甸，但单月寄回婆家，双月则寄回娘家。她的母亲身体不太好，一直卧病在床，她的两个弟弟虽然也都在外打工，但她始终不放心把父母托付给他们，自己仍然坚持隔月汇款给父母。

还有研究指出：在子女成家前，缅甸家庭中的第一个孩子，尤其是长女常常扮演汇款召集者的角色，组织海外打工的兄弟姊妹向家里汇钱。玉仙透过她姐姐的故事告诉我，缅甸长女对原生家庭的情感和付出，是从婚前延续到婚后的。玉仙的姐姐大她10岁，在父亲去世之后，姐姐就继承父亲的事业，在中缅之间从事珠宝生意。她承担了母亲、玉仙和弟弟三人的生活和教育开销，支持玉仙和弟弟上完大学。玉仙说，姐姐于她，就像另一个母亲，她工作以前所有的衣服和生活用品都是姐姐买的。她最早在缅甸工作时，刚刚流行手机，她和侄儿都想要一部手机。姐姐思来想去，咬咬牙给她买了手机，却让自己的儿子再等等。除了在经济上照顾家人之外，姐姐还把她带到中国。她在这里找到工作，找到中国爱人，结成夫妻。顾家的姐姐成为她效仿的对象，婚后她也依然每月向远在曼德勒独居的母亲汇去

1000元钱。

另一个调查中的重要发现是，诸如父亲和丈夫等男性家庭成员的意外离世，将缅甸家庭带入雪上加霜的生存困境中，也使妇女背负了更为沉重的负担。世界卫生组织2016年的数据显示：缅甸年龄在15—60岁区间的男性，死亡概率为229/千人，显著高于女性163/千人的比例。[①] 25名受访女性中，有7位女性的父亲都已去世，且去世时年纪均未满55周岁，与之相对的是她们的母亲都还健在。除了疾病之外，战争、矿难、酗酒、车祸以及吸毒都是受访者男性亲人意外去世的原因。玉仙姐姐的丈夫就是10多年前在曼德勒省山林深处采矿石时，被正在附近交火的军队意外打死的。加上父亲，家中已有2位男性成员相继离世。玉仙说，姐姐到现在还不能接受姐夫的死亡，只要没有看到他的尸体，她就会选择相信他依然活在这个世界的某个角落。因此她一人承担起娘家、夫家和自己小家庭的生活。她是三个家庭的主心骨，通过一己之力把所有的家人都照顾得很好。

家庭男性劳力的缺失，使女性移民包袱沉重，如果有在地资源可以利用，移民女性的负担就能减轻，移民家庭也能获得新的发展可能。在瑞丽一所乡镇中学，我还随机访谈了3位缅籍华侨初中学生。他们中的2位——弘平和付之的父亲也因为吸毒和车祸很早就去世了。母亲带着孩子们穿过边境，在瑞丽或者打工，或者勉强做点小生意维持一家人的生活。付之告诉我，爸爸去世后，妈妈一个人抚养3个孩子，幸而瑞丽市的九年义务教育不仅覆盖了中国孩子，也面向缅籍务工者的子女，以及边境线60千米以内的边民适龄儿童。当地针对学生的所有费用减免和午餐补贴政策也将缅籍学生纳入其中。付之和哥哥、妹妹上学不用交学费。付之的学校每个月还会往每个学生的饭卡上充128元的餐费，付之舍不得打肉菜，餐补到月底还略有结余。瑞丽市面向适学儿童超越国界的义务教育政策，解决了很多缅甸女性移民的子女照料和教育问题，弥补了跨国母职缺席对家庭和孩子带来的影响，也减轻了缅甸妇女的部分负担。

在瑞丽包容的社会环境中，还有一部分移民女性与中国人结婚，

---

① 数据援引自世界卫生组织网站，https：//www.who.int/countries/mmr/en/。

建立新的在地家庭。有 3 位受访女性与中国男性结为夫妻,与中缅边境农村地区跨境婚姻多为跨国族群内部与族际通婚的情况不同,其中 1 位的丈夫虽是云南人,却不是本地人,另外 2 位的丈夫是外省人,这也说明当缅甸女性以务工形式流入中国边境城市,而不再只是农村时,她们就有可能建立超越传统族群关系的新型跨国社会关系网络。她们自己又成为缅甸家庭与在地家庭之间的连接者,从而创造出汇款以外的家庭照料方式。譬如在畹町镇反季西瓜集散地做翻译的璇英,大学毕业以后来到瑞丽打工。璇英和一名云南男子结婚后,陆续又把两个妹妹也介绍到瑞丽工作。离异再婚的明香,她的丈夫是在瑞丽开酒店的外省商人。婚后丈夫把一家酒店交给她打理,她就把远在缅甸的弟弟叫来帮忙管理酒店,又把与前夫所生的孩子接到瑞丽上小学,最后把母亲请来照料孩子,全家人就此在瑞丽安下家来。

  跨国妇女和她们的汇款形成了一条人与金钱、物资逆向流动的纽带,把她们和缅甸的家紧紧联系在一起。与未婚女性移民相比,已婚女性移民由于身处三个家庭,扮演多重角色,所承担的经济负担和照料压力更大。她们是缅甸移民家庭的女儿、妻子和儿媳,是具有奉献精神的稳定汇款人,也是维系家庭的核心力量。她们除了向原生家庭汇款之外,还成为跨国网络的构建者和维护者,帮助家庭成员也迁徙到瑞丽。虽然身处流动的地理空间与变动的社会环境之中,她们依然充分施展能动性,懂得利用公共与私人资源,不断地整合着家庭关系,形成新的发展动力。

第 六 章

全球照护链下澜湄区域妇女流动

第一节 理解全球照护链与移民女性化趋势

照护劳动（care labor）狭义上是指对特定的个体，或是群体，如老人、儿童以及残障人士等的身体、精神、情感以及个体发展提供必要的服务工作。① 在照护过程中，照护者与被照护者之间常常建立起亲密的互动关系，照护劳动也因此被认为是亲密劳动的一种类型。在这种互动中，提供照护服务的人员不仅承担着责任，还需具有诚信、忠诚等品质，并时刻关注被照护者的生活质量。在实际生活中照护劳动的外延很广，比如照护劳动和家事劳动（domestic labor）之间的界限就是很模糊的，从事保姆的女性往往也被要求完成煮饭、洗衣、打扫以及购物的工作。有的女性在从事照护工作时，还面临提供性服务的索求。② 由于二者的交织性，本章中的照护劳动与家事劳动具有互指性。

在相当长的一段时间里，无论世界各个地区或国家之间存在多大的文化差异，女性在各个社会结构下，都是天经地义的育儿者、家务承担者，以及照顾病患、侍奉老人的责任人。伴随女权运动的兴起，在西方发达国家，越来越多的女性进入公共领域参与工作。

---

① Daly, M., *Care Work: The Quest for Security*, Standing, G. Care Work: Overcoming Insecurity and Neglect: Geneva: International Labour Office, 2001, p.17.

② Anderson, B., Shutes, I., *Migration and Care Labour, Theory, Policy and Politics*, Eds. Isabel, S., Bridget, A. Introduction: Palgrave Macmillan, 2014, pp.12-13.

当女性成为"正式工作者"后,她们在家庭空间的再生产劳动与公共领域从事的生产性劳动之间产生了不可避免的矛盾,1989 年美国社会学家 Hochschild 和 Machung 在其著作《第二班:工作父母与家庭革命》中详细描述了 20 世纪 70 年代以来,压在工作母亲身上的双重负荷,即正式的、社会化的生产性劳动,与家庭内部无偿的再生产劳动(主要以照护劳动为主)[1]。在揭示美国工作母亲身处两种劳动的羁绊之时,Hochschild 还发现了美国家庭照护劳动结构的转变。通过对雇用菲律宾保姆的美国家庭进行田野调查,Hochschild 认为美国的女权运动,使这个国家的很多家庭正在经历一场"照护剧变"(Care Crisis)[2],即工作母亲在发现自己难以同时兼顾工作和家庭照护劳动时,通过聘请菲佣的形式来使其从家庭再生产劳动中解放出来。照护劳动的雇佣关系,以及劳动力的对象转移,使得这种"照护剧变"既是市场化,同时也进入跨国语境中。通过将马克思剩余劳动与剥削的理论与弗洛伊德对情感"转移"(displacement)的概念阐释联系在一起,Hochschild 进一步对这一现象进行概念化梳理,认为这种由发达的北部国家女性参与工作生产出的照护需求,吸引了越来越多来自经济欠发达的南部国家女性,代替她们在家庭中扮演传统的照护角色,而移民女性的孩子和家庭往往留守原地,这又造成了新的照护需求,一条南北流向的全球化的照护链(global care chain)由此形成。Hochschild 把全球照护链视为一个动态过程,是全球化范围内基于有偿和无偿、体力和情感的照护劳动之上,建立的人与人之间的联系,它为研究者建立了一条梳理全球化和个人关系的研究路径。[3]

全球照护链的提出引起了世界各国性别研究者的关注、认可以及深化研究。透过全球照护链,性别研究者将照护工作引入社会政策和公众视野下,指出它的两个特征:一是劳动需求的广泛性、全民性、

---

[1] Hochschild, A., Machung, Anne, *The Second Shift*, New York: Penguin Group, 1989.

[2] Hochschild, A., "The Culture of Politics: Traditional, Postmodern, Cold-Modern, and Warm-Modern Ideals of Care", *Social Politics*, No. 2-3, 1995, pp. 331-345.

[3] Hochschild A., "The Nanny chain", *The American Prospect*, No. 3, 2000, pp. 32-36.

全球流动性；二是工作的低收入、隐形化以及被忽视。① 同时，性别研究者还强调了女性在全球范围内照护产业的重要性。除了事业女性平衡家庭和工作关系的需要之外，其他人口和社会经济的全球化发展也是照护链产生的动因，其中包括家庭结构的变化，例如核心家庭、离异家庭、老龄人口的增加，以及国家或市场为基础的照护政策的缺失等。照护工作现在已成为一种重要的职业类型，并成为各个国家新的就业增长点。

　　于是，当照护被视作再生产劳动的一个重要维度时，全球照护链成为性别与移民研究的一个全球框架。移民女性化趋势可以看作对接收国家出现的"照护用工荒"情形最直接的回应。照护链则为全球移民的性别化转变，铺开了全景式的理解脉络，解释了以再生产劳动力供给型的移民女性化趋势、特征，并挑战了传统移民研究以男性为主的基调。跟随 Hochschild 的研究步伐，以 Yeats 和 Sassen 等为代表的学者继续将目光锁定传统的北部移民接收国，通过对全球化不平等性的结构化描述，以及依附理论下的中心—边缘论述，强调照护链既带来了移民性别化的转变，同时也产生并加剧了不平等性。② 从事照护劳动的女性作为移民，由于缺乏公民身份（甚至是合法入境身份）而显得尤为脆弱，又因从事的照护工作特性，得不到尊重甚至被贬斥。她们是亲密经济的主要参与者，在照护工作中投入体力、情感、甚至更多，却常常遭遇到包括种族、阶层、性别、国籍等交织性歧视。

　　全球照护链的研究是以南北之间的照护劳动力迁移为起点的。伴随研究的深入，开始有学者注意到南北流向以外，也就是南南（发展中）国家之间的移民女性化趋势与照护劳动之间的关系。南南区

---

① Hujo, K., Piper, N., *South-South Migration: Implications for Social Policy and Development*, Eleonore, K., Parvati, R. Palgrave Macmillan, 2010, p. 50.

② Yeates, Nicola, "Global Care Chains: Critical Reflections and Lines of Inquiry", *International Feminist Journal of Politics*, Vol. 6, No. 3, 2004, pp. 369 – 391; Sassen, Saski, "Women's Burden: Counter-Geographies of Globalization and the Feminization of Survival", *Journal of International Affairs*, No. 42, 2000, pp. 22 – 48; Pieterse, Jan Nederveen, "Global Rebalancing: Crisis and the East-South Turn", *Development and Change*, Vol. 53, No. 2, 2011, pp. 503–524.

域内部的女性移民研究拓展了整个全球照护经济链的研究视域。学者Pieterse 就主张对全球照护链的研究应该从世界地缘政治转移至新经济体的显现过程。其认为面对多样性语境下的南部国家，有三个关系是需要重新审视和评估的：一是这些国家的国内差别（包括农村与城市差异，贫富差异）；二是南部国家伴随区域融合发展，国家与国家之间关系动态变化；三是南部国家与北部国家之间关系。[1] 相对于已有丰富积淀的南北女性移民照护研究而言，照护链视野下的南南区域内妇女流动研究才刚刚起步，对发展中国家区域范围内的妇女流动研究不仅应该关注她们所从事的照护性劳动，更应关注她们迁移的多样性图景，及其对原生家庭照护劳动的实践、性别角色和家庭关系的转变的影响，并思考与照护相关的移民政策对于南部国家跨国劳动力资源开发，提高移民及其家庭生活质量，促进地区发展的关系。

第二节　澜湄区域各国政治与妇女的多样性流动图景

澜湄区域首先是一个自然生态联合体，通过以水资源为主的自然资源与基础设施建设发展的联系，将中国西南地区与东南亚大陆联系起来。紧密的自然联系意味着更深的相互依赖与社会交往。从 1990 年代开始，依托澜湄流域的地缘特点，一系列经济合作机制得以建立，其中最有影响的当属 1992 年亚洲开发银行（英文简称为 ADB）发起的大湄公河次区域经济合作机制（英文缩写为 GMS），第一次将湄公河流域的六个国家紧密地结合在一起，并提出了"寻求更紧密的联系，更强大的竞争力，以及更深切的共同体感"（enhanced connectivity, increased competitiveness and a greater sense of community）的发展战略。1995 年湄公河下游的四个国家：老挝、缅甸、柬埔寨和越南又联合建立了湄公河委员会（Mekong River Commission，MRC）[2]。2015 年，伴

---

[1] Pieterse, J. N., "Global Rebalancing: Crisis and the East-South Turn", *Development and Change*, No. 42, 2011, pp. 22–48.

[2] ADB, Regional Cooperational Strategy and Program Update, 2006, p. 8.

随"一带一路"倡议的提出,一个由中国发起,澜湄流域沿岸国家全部参与的"澜湄合作"机制正式启动,新机制致力于打造更为紧密、互利合作的澜湄共同体,为区域的合作与发展注入新的活力。这些机构与合作机制都将澜湄流域作为一个新的起点,促进贸易往来,发展与融合。经济共同体对澜湄区域经济发展的拉动也有目共睹。综合澜湄区域各国的经济发展数据分析,会发现从 1995—2005 年间区域 GDP 的年增长都达到了 6%。经济增长意味着这一区域内那些每天收入不足 1 美元的人口在这 20 年间下降了 43%。[1]

经济共同体的建立与合作不断加强,使区域之间的移民流动更加频繁,活力也在不断地加强。丰富的劳动力资源,地缘上的毗邻性,使得移民工能够以灵活的形式在边界地带流动,从而满足一个跨国市场在公共和私人领域对劳动力的需求。对照 Pieterse 对全球照护链关注地域转变的呼吁,澜湄区域正是全球照护链从南北迁移研究转向南南区域内流动的一个绝佳的研究点,对于丰富全球照护链研究有着重要的意义。一方面作为新兴的经济体,澜湄区域充满发展的动力与前景;另一方面发展也呈现出国与国之间、国家内部之间的不平衡性特征。此外,区域六国的国内政治与国家关系都交织形塑着移民的流向和结构,使人口流动呈现出多样性图景。

区域发展与复杂的政治经济局势决定了湄公河区域的女性移民主要以低技能劳动力移民为主,或说产业发展结构就需要女性移民从事低技能或者性别化的照护劳动。与此同时,女性移民的流向也深深烙上了区域政治经济动态关系的印记。迁徙的轨迹符合 Durand 和 Massey 对南南国家的女性移民流向的归纳,即:一是边界迁移,常常是一种短距离的季节性迁移,迁移时间短;二是同源族群的跨界迁移;三是城市主导型的移民。总结起来澜湄区域妇女迁移流向就具备了短距离迁徙、族群性特征以及农村—城市迁移的导向。其中农村—城市的迁徙路径既包括了国内流动,又包括了跨国流动。[2] 大部分的研究只聚

---

[1] Welcome Remarks by Vice-President Jin at the Second Mekong Development Forum, www.adb.org/media/Articles/2005/7954_ speech_ Liquin_ Jin, 2005.

[2] Durand, J., Massey, D. S., *Crossing the Border: Research from the Mexican Migration Project*, New York: Russell Sage Foundation, 2004, p. 321.

焦于区域女性的跨国流动,而国内流动常常被忽视。事实上,妇女的国内流动也是全球照护链上的重要一环,甚至在有的国家,如中国和越南,国内流动对于照护制度的影响,甚至超过跨国流动的影响。因此研究区域范围内的照护链,需要将二者结合在一起。因为两种形式的流动都是南部发展中国家在现代化转型中全球化与本土化碰撞的结晶,[①] 可以被视为全球集合线的一部分,也是学者 Jim Glassman 所说的那种"真实存在的全球化"(actually existing globalization)。[②]

一 澜湄区域妇女的国内流动

澜湄区域妇女大规模的国内流动主要集中在中国、越南和泰国。这与三个国家国内经济发展的政策相关。就泰国而言,自 1980 年起,泰国政府针对其经济规划,开始建立依托城市为基础的出口型制造业,以及国际化的旅游产业。大量从农村来到城市的女性在收入低微、高运转、工作流程重复性高的劳动密集型生产企业工作,成为支撑以及成就这种发展路径的基石。这种以城市为导向的国内劳动力流动,无论是在泰国,或者其他地方,既是国内产业发展带来的性别化劳动力市场需求,也是对农村贫困的一种回应。

在中国,改革开放 40 多年来从农村到城市的移民工成了国家现代化建设的主要力量。2015 年,我国移民工人数超过了 2.77 亿,其中女性占 33.6%。[③] 作为澜湄区域一部分的云南省和广西壮族自治区,农村女性向省内及省外城市迁徙的性别化流动图景也早已形成,这其中除了劳动力市场需求与贫困这两个一推一拉的作用力之外,也有我国人口性别比例失衡的因素,此外还可以看作妇女对家庭暴力和虐待的反抗,以及能动性的体现。[④] 相关调查显示 20 世纪 90 年代以

[①] Ong, A., *Splintering Cosmopolitanism*: *Asian Immigrants and Zones of Autonomy in American West*, Hansen, T. B., Stepputat, F. Eds. Princeton, N. J.: Princeton University Press, 2005.

[②] Glassman, J., *Bounding the Mekong*: *The Asia Development Bank*, *China*, *and Thailand*, University of Hawai'i Press, 2010, p. 5.

[③] 国家统计:《2015 年农民工监测调查报告》,http://www.stats.gov.cn/tjsj/zxfb/201604/t20160428_ 1349713. html, 2015.

[④] 李勤:《少数民族妇女外流对当地社会的影响——以云南贡山县为例》,《云南民族大学学报》(哲学社会科学版) 2005 年第 4 期,第 41—43 页。

前中国农村—城市的移民工性别比女性是超过男性的，但进入20世纪90年代之后的10年，两性移民工的性别比调了过来，这意味着男性移民构成了城市移民工的主力军，这与中国国内产业结构的发展变化有关，但进入21世纪后，移民工的性别比再度从2000年的107回落至2005年的101。[1] 性别比的回落与服务业的发展有关。总之，移民性别比一直处于动态变化之中，这也表明了对中国国内的发展而言，男女两性劳动力具有同等重要的意义。

越南从20世纪80年代开始推行市场化改革。通过发展出口为导向的制造业，贸易以及依托城市发展的服务业，越南国内新增了许多就业机会，这也使得很多家庭从农村流向诸如河内这样的大城市去寻求多样化的生活方式。在2004年至2009年之间，越南国内的流动人口达到了340万，其中从农村到城市的流动人口占据了45%，女性是国内移民工的绝对主力。[2] 农村女性务工者主要从事轻工制造业、医疗照护行业以及其他社会工作。

除了上述三国之外，其他国家妇女也都融入了国家内部农村—城市的移民浪潮中。就连在缅甸这样发展较为滞后的国家，2014年的调查显示在缅甸900万的国内移民中，女性占比超过了50%，大部分的农村女性涌入仰光和曼德勒，寻找从事照护、家政等的工作机会。[3] 在柬埔寨，前往金边的流动人口大都为女性。柬埔寨农村—城市移民项目发现柬埔寨56.9%的城市移民为女性。[4]

二 澜湄区域妇女的跨国流动

澜湄区域各国经历着国家、双边和多变关系的交织。在不平衡的政治经济格局下，缅甸由于国内政治局势和武装冲突，经济发展最

---

[1] Duan Chengrong, ang Ge, Zhang Fei, Lu Xuehe, "Nine Trends of Changes of China's Floating Population Since the Adoption of theReform and Opening-up Policy", *Population Research*, Vol. 33, No. 6, 2008, pp. 1–12.

[2] Gso (General Stastical Office), "The 2009 Vietnam Population and Housing Census: Major Findings", Hanoi, 2010.

[3] The Myanmar Population and Housing Census of 2014.

[4] CRUMP (Cambodia Rural Urban Migration Project), "A Crump series Report Women and Migration in Cambodia", 2013.

弱；中国伴随改革开放政策的推行，发展迅速足够自主；泰国经济强大，得以在区域范围内获得了单边发展，但同时它的经济活动也深刻影响到了老挝、柬埔寨和越南。

20世纪90年代末，泰国时任总统差猜·春哈望提出了要将湄公河区域"化战场为市场"（to turn battle-fields into market places）的口号，由此开启了积极的移民工政策。从1996年起，泰国政府创造了一个移民管理的新型管理办法，即所谓的"非常规移民工登记"（registered irregular migrant workers）制度，允许非常规入境移民在泰国以合法身份工作和生活一段时间。[①] 这一政策赋予雇主更大的灵活性，吸引了毗邻国大量的劳动力资源进入泰国，使他们可以招纳廉价移民工。泰国还分别在2002年、2003年与老挝、柬埔寨和缅甸签署了谅解备忘录，与毗邻国建立双边合作，确保能够吸引移民工通过合法登记进入泰国。泰国也因此成为澜湄流域最大的移民输入国，移民为泰国经济的腾飞作出了沉默的贡献。2013年通过谅解备忘录入泰的移民工中，86%来自缅甸，10%来自柬埔寨，剩下不到4%来自老挝，其中女性移民占据了移民总数的43%。[②] 女性移民工同时遭遇着来自国籍和性别的双重歧视。例如，当男性和女性从事同样的工作时，女性的工资更低，日薪在30—100泰铢（也就是1—3美元）之间。[③]

老挝和缅甸是区域内女性劳动力移民最主要的输出基地。2003年老挝规划与合作国家数据中心委员会对老挝三个省5999户家庭所做的劳动力移民调查数据显示，跨国流动人口占据了6.9%，80%的人群流入了泰国。所有跨国移民中，男性移民仅占41%，余下59%的移民为女性。老挝输出的女性移民呈现出低龄、低受教育程度，以及低技能的"三低"特征，这也使她们在劳动力市场中局限于一块

[①] Chalamwong, Yongyuth, *Government Politics on International Migration: Illegal Worker in Thailand*, Ananta, A., Nirvidya, E. A. Eds. Sinapore: Institute of Southeast Studies, 2004, pp. 352-373.

[②] IOM, Thailand Migration Report 2014.

[③] MAP Foundation, Regular Rights: Second Edition-A Study on the Impact of Regularization ofMigrantWorkers from Myanmar in Thailand, http://www.Mapfoundationcm.org/pdf/eng/2_Regular%20Rights%20II_ Eng%20_ FINAL%20-OK.pdf.

狭小的性别化劳动领域，从事诸如清洁、照护或性服务等老挝法律曾禁止从事的劳动类型，从而加剧性别不平等性。① 学者 Roy Huijsmans 认为老挝政府期望通过对工作类型的限定，促进国家劳动技能的升级，其终极目标是指望推行男性化发展项目的实施，来完成国家现代化的目标。而将女性化的家事劳动放入法律限制和阻止的范围内，也是老挝政府用于减缓甚至阻拦本国女性劳动力外流，保护女性作为母亲、作为妻子以及作为下一代教育者价值的一种策略。②

与泰国刚好相反，缅甸是澜湄区域内最主要的移民输出国。缅甸国内不稳定的局势是造成过去几十年缅甸人口进行跨境流动的最主要原因。据国际移民组织（IOM）估计：缅甸全国约有 10% 的人口都参与了区域内外的国际流动，而泰国正是缅甸移民最主要的目的地。2016 年 8 月的最新统计显示，在泰国登记的缅甸移民工已接近了 150 万人，这还不包括大量没有进行登记的无证移民，其中女性移民工人数接近一半。③ 尽管缅甸和泰国在 2003 年就签署了谅解备忘录，但由于两国关系的复杂性，经过了 6 年谈判，直到 2009 年谅解备忘录才得以实施。大量在缅泰边界从事加工生产的女性移民才得以有机会拿到她们的国籍证明书，并获得泰国短期务工签证。国际移民组织 2015 年的调查显示，缅甸女性移民工的平均工资在 65 美元/月，远远低于男性移民工 96 美元/月的待遇。④

柬埔寨 2011—2019 年 GDP 均保持在 7% 左右的增长速度，也因

---

① 老挝 2002 年颁布《劳动与社会福利部法规》，禁止三种雇佣劳动形式：一是工作场所不需要机器设备协助，且不能提高劳动技能，不能提供技术知识的普通劳动（plain jobs），例如清洁、打扫、护工以及水道与鱼塘的开挖者；二是那些违背（老挝）习俗、文化和法律的工作，例如卖淫、拉皮条、间谍、恐怖活动、贩卖毒品、售卖性器具以及脱衣舞秀等；三是对劳动者身体或生命有威胁的工作，如暴露在化学制品、辐射环境以及有爆炸可能的工作，乘坐简陋船只出海捕鱼、捕猎诸如老虎、狮子或鳄鱼等危险野生动物的工作。老挝女性恰恰大都工作在老挝法律限制的第一种和第二种工作类型中。

② Huijsmans, R., *Gender, Masculinity, and Safety in the Changing Lao-Thai Migration Landscape*, T. D. Truong Eds. Migration, Gender and Social Justice: Perspectives onHuman Insecurity, Hexagon Series on Human and Environmental Security and Peace, The Authors, 2014, pp. 333-349.

③ IOM, Myanmar（2016），https：//www.iom.int/countries/myanmar.

④ IOM, The ILO Internal Labour Migration in Myanmar in 2015.

此转变成为区域内一个兼具移民输出、中转和输入的国家。① 和缅甸一样，泰国也是柬埔寨移民首选的移民目的地。2015 年，柬埔寨和泰国又签署了一份新的劳动合作谅解备忘录，更多的女性通过一站式登记制度，前往泰国从事诸如建筑、农业、制造、娱乐业、医院护理以及家事劳动等低技能工作。

移民经济是越南经济的支柱之一。出于生计考虑的跨国迁移，是越南人民离开故土的最主要动因。越南移民工主要通过两种方式向外迁移，一种是专门的合同项目，另一种是在边界地区独立的跨国流动，越南女性广泛地参与了这两种形式的跨国流动。从 2012 年到 2016 年，越南通过专门合同外迁的移民工达到 126296 万人，其中女性占据了 1/3，中国台湾地区是越南女性移民工最主要的输出地。② 除了移民工外，婚姻移民也是越南女性跨国迁移的主要形式。由于越南政府颁布禁令，严禁女性以从事家政和照护工作的形式向外迁徙，越南女性直接以劳动力移民输出的人口非常少，从而造成大批越南女性以跨国婚姻的形式离开越南。在中越边境地带、中国台湾地区以及区域外其他国家，以女性为主体的越南婚姻移民已形成了独特的移民性别化景观。

中国与澜湄区域其他五国在基础设施建设、经济合作与文化交往等方面联系日渐紧密，以往学者却很少将中国同时作为移民输出国与移民输入国的角色，放进对这一区域的移民整体研究框架中。学者们往往会将中国移民研究作为一个单独的课题展开。伴随中国的发展，国内研究者在早期东南亚华人研究的基础上，开启了"中国新移民"研究。Sigley 在 2006 年说，新的全球秩序下，中国人通过两种方式拥抱全球资本，获取发展，一种是作为一种驯顺的劳动力，融入全球化中，另一种则是成为企业家式的公民。③ 在中国和湄公河区域几个世纪以来的族群渊源，以及长期以来建立的移民网络基础上，中国继

---

① UNICEF, Social Inclusion and Governance, UNICEF Country Programme 2016–2018, http://www.unicef.org/cambodia/Country_ Kit_ SIG_ Final_ A4.pdf.

② IOM, Viet Nam Migration Profile 2016, 2016.

③ Sigley, G., "Chinese Governmentalities: Government, Governance and the Socialist Market Economy", *Economy & Society*, Vol. 35, No. 4, 2006, pp. 487–508.

续向区域内的柬埔寨、老挝、泰国以及缅甸，当然也包括其他国家输送移民工、留学生、旅游者，还有边贸商人等各种类型的移民者。自1990年以来，中国有超过100万人迁徙至缅甸，35万—40万人迁徙至泰国，老挝和柬埔寨也分别接收了5万—12万的新移民。在整个向外输出的新移民中，女性不再扮演传统的"尾随配偶"角色，而拥有多元而独立的移民身份，且女性身份常常与族群、阶层等身份交织在一起，构成女性在异国的复杂处境。除了向区域各国输出移民外，中国也正在成为国际移民的接收站。例如：与老、越、缅三国交界的云南省、广西壮族自治区，在边境地区就迎来了大批的跨境人口，其中又以"跨境新娘"现象最为引发关注。而在边境地区从事低技能生产劳动，以及其他如性服务、家事劳动等"亲密经济"活动的女性移民却鲜少成为研究的焦点。

妇女在澜湄区域既参与了城市为导向的国内流动，也广泛地参与了跨国流动。无论是那些直接参与照护工作的女性移民，还是其他类型的女性移民，她们都面临家庭照护结构的变化。

第三节　澜湄区域妇女流动类型与照护结构的变化

跨国女性移民通过正规和非正规两种渠道到达接收国。通过非正规渠道迁徙的移民又称无证（undocumented）移民。在澜湄区域内，很多女性移民都处于无证状态中。"年轻、贫困、驯顺、随手可及又可以任意辞退的劳动力"[1]，这是区域内女性移民被塑造的性别化印象。女性移民因此常常工作在诸如家事、医疗护工、制衣厂以及娱乐行业等女性主导的行业中。尽管如此，研究显示：比起男性，女性更看重迁移的机会，把向外流动当作自我发展的一部分（尤其是作为突破社会习俗、获取个人生存空间和自由，同时争取更高经济、社会

---

[1] Un Women, *Managing Labour Migration in Asean: Concerns for Women Migrant Workers*, Asia-Pacific Regional Office, Bangkok, 2013.

地位的一种方式)。①

一 澜湄区域女性移民的分类

在照护劳动的研究框架下,区域内的女性移民可以分为三种类型,即:直接从事照护(家事)劳动的女性移民;间接从事照护劳动的女性移民;从事生产性劳动的女性移民。

妇女流动过程中,在国内城市或异国他乡寻找照顾幼童、老人,以及医院护工的工作。泰国拥有区域内最大的跨国家事劳动群体。泰国的经济发展使国内中产阶级迅速增长,这造成了两个最直接的后果:一是本国的低技能劳动者逐渐消失,他们的工作由低技能的移民劳工所替代;二是新的富裕阶层开始将雇用家政服务人员作为其拥有更高社会地位的一种表征。与此同时,泰国通过持续推进9年义务教育,与12年基础教育法规,使更多国内女童免于失学,这也拓宽了泰国女性的就业领域。而传统的如家事劳动这样的女性化职业也就转移到跨国移民手中。2012年,泰国约有25.1万家事劳动务工者,其中90%的家事劳动者来自缅、老、柬三国,且绝大部分为女性。②

此外,在笔者对云南德宏州芒市和瑞丽两地的田野调查中,也发现了一部分从事保姆工作的缅甸移民女性。由于家事劳动者大都工作在雇主家庭中这样的私人领域,又加之很大一部分家事工为无证移民,双重隐形身份加剧了家事劳动者的脆弱性身份,使其遭受性别歧视、虐待和经济剥削的危险性大大增加。

除了家事劳动者之外,区域内还有两种类型的移民女性从事的活动也应视为对输入国照护劳动的一种补充。部分跨境婚姻移民在新组建的跨境家庭中从事无报酬的照护劳动。跨境婚姻移民现象在中国与越南、老挝和缅甸相连的边境地区已成为显性的社会问题。但很少有学者将婚姻移民与照护劳动力联系在一起。正如中国台湾学者蓝佩嘉

---

① Dannecker, P., "Migrant Visions of Development: A Gendered Approach", *Population, Space and Place*, Vol. 15, No. 2, 2009, pp. 119-132.

② Lan, P., "Deferential Surrogates and Professional Others: Recruitment and Training of Migrant Care Workers in Taiwan and Japan", *Positions East Asia Cultures Critique*, Vol. 24, No. 1, 2016.

所言,"照护荒"(care deficit)与"新娘荒"(brides' deficit)之间有着千丝万缕的联系。① 中国边境农村地区对女性配偶的需求,同时也是对包括照护在内的再生产劳动力的需求。因此跨境婚姻移民现象也应该放入全球照护经济链的研究框架内进行探讨。婚姻移民事实上也经常为她们低收入的男性伴侣及其家庭成员提供照护劳动。但由于这种劳动是无偿付出,而未得到认可。婚姻移民作为照护劳动力补充的角色都很难得到识别,其作为生产性劳动力的贡献就更难被认可了。笔者在边境地区的调查也发现一部分女性最开始是移民工,但由于签证和工作的临时性,使其将跨国婚姻视为留下来的一种策略,这就是所谓的工作型移民向作为妻子的永久性移民转变;另一种情况刚好相反,就是那些通过跨国联姻成为移民的女性也会进入劳动力市场参与工作。全球照护链为发现和剖析婚姻移民的再生产和生产劳动力提供了新的视角。

澜湄区域的女性移民还是区域内生产性劳动力的主要来源之一,她们不仅作为移民工参与了需要"灵巧十指"的纺织、制衣行业,以及电子组装行业的工作,甚至还和男性一样忙碌在建筑业、渔业以及农业等低技能劳动领域。例如泰国依托大湄公河次区域东西经济走廊的建设,在北部泰缅交界的来兴府美索地区,大力发展诸如服装、纺织、陶器和家具厂等多元化的加工生产企业,通过一站式的移民工登记制度,吸纳了大量缅甸女性移民作为廉价劳动力在生产厂中工作。而泰国的乌隆府在成为早期华人迁徙地120年后,伴随泰国有名的宝马成衣市场在乌隆的开张,也迎来了很多来自中国内地省份的女性移民,到此地做服装生意。②

女性在湄公河领域的迁徙,既体现了她们个体的能动性,但同时也常常是出于对整个家庭生计和发展的需要而做出的决策。三种类型的女性在迁徙前,或迁徙过程中成为母亲,如何平衡怀孕、生育、抚

---

① Lan, P., "Deferential Surrogates and Professional Others: Recruitment and Training of Migrant Care Workers in Taiwan and Japan", *Positions East Asia Cultures Critique*, Vol. 24, No. 1, 2016.

② Lan, L., Jutaviriya, K., "The Transnational Migration Process of New Chinese Migrant Traders in Bobae Market, Udon Thani, Thailand", *Journal of Mekong Societies*, Vol. 13, No. 2, 2017, pp. 45–64.

育，以及对家庭老年人照护等家庭内部的照护责任，与其从事的跨地域工作，是流动妇女与其家庭共同面对的难题。

二 照护传递、性别角色交叉与家庭关系重构

作为家庭成员的女性迈出家门，开始流动之后，就颠覆了传统的性别角色。很大一部分女性成为养家糊口的人。来自各个国际组织的调查显示，尽管同等情况下，女性移民工获得收入比男性移民工要少，但女性常常将收入中的绝大部分寄回留守家庭，而且汇款的频率也比男性家庭成员要高。例如在老挝，女性移民寄回家的现金要比男性移民多出 1/6，女性移民的汇款用于教育、健康、食物，以及盖房等。[1] 在泰国乌隆他尼做边贸生意的一些女性移民甚至通过手机支付宝，按月甚至按天将汇款转入国内家人的账户中。

当女性移民外出赚钱养家时，她们同样也付出了巨大的照护成本。一些移民工女性与留守家庭的分离，使其成为"缺席母亲"（absentee mothers）、"跨国母亲"（transnational mothers），她们留守原地的家庭也因此成为"跨国分离家庭"（transnationally split households）。女性与家庭的分割，使得家庭内部的照护责任面临重新分工，夫妻两性角色可能打破重塑。女性外出务工，而丈夫留守家乡承担起照顾子女和家庭的责任。这种角色颠覆挑战了丈夫对男性特质的想象和感受。Pingol 指出有两种男性：一种会积极跟随家庭结构的变化，适应新角色的需要，承担起家庭内部的责任；另一种则难以做出改变，而将由于妻子离场而落下的责任转移给家庭的其他成员。而接替移民女性承担家庭照护劳动的家庭成员，常常也是女性，要么是祖母来对幼童进行隔代照护，要么是家中大女儿接替母亲承担起照护弱小的弟妹、老人甚至父亲的责任。[2] 女性的空间流动，首先改变了其在家庭中的经济角色，从而一定程度上改变了很多家庭中夫妻或是隔代关系结构。即使是在那些丈夫并不能接替照护责任的家庭，女性通

---

[1] 陈雪：《多元交织理论框架下的女性移民健康研究——以大湄公河次区域跨国流动妇女为例》，《云南社会科学》2017 年第 1 期，第 128—133 页。

[2] A. Pingol, *Remaking Masculinities: Identity, Power, and Gender Dynamics in Families with Migrant Wives and Househusbands*, UP Center for Women's Studies: Ford Foundation, 2001.

过汇款贴补家用，或者答谢家庭中其他照护者的形式，也使得照护劳动的重要性逐渐在移民家庭中得到认可。

然而，并非所有移民女性都能将家庭内部的照护责任转移给其他成员。在笔者对身处云南的越南、缅甸女性移民访谈的过程中发现，一些来自上述两国的婚姻移民在中国成家后，会将家中老人甚至姐妹兄弟的孩子都接到身边来进行照护，享受当地更好的教育和照护资源。

学者 Vu Thi Thao 对越南农村 35 岁以上的女性移民进行的研究也发现，很大一部分女性移民经历着返乡生子—短暂抚育—外出务工—返乡再生子—短暂抚育—再外出务工的历程。① 生育和照护成为连接她们与家乡的纽带。

第四节 澜湄区域女性移民的照护需求与回应

在对照护劳动的研究中，有学者总结出与之密切相关的因素分别为国家、市场、家庭以及社区，这些因素连在一起构成了"照护菱形"（care diamond）的四个棱角，见图 6-1。② 照护菱形中最重要的因素为国家/区域下的照护体制，因为照护工作需要整个体制完成对劳动力的社会组织和社会保障。

澜湄区域内包括婚姻移民在内的女性劳动力移民的频繁流动是与全球化、区域化经济的融合发展密不可分的。但当女性移民，无论是以直接或间接照护劳动力的形式，还是以生产劳动力的形

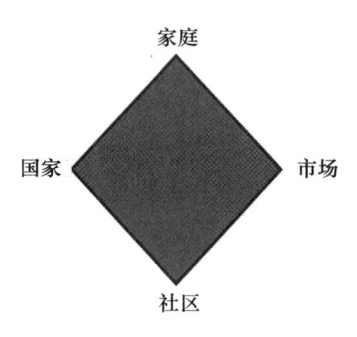

图 6-1 照护菱形

---

① Thao, V. T., "Making a Living in Rural Vietnam from (Im) mobile Livelihoods: A Case of Women's Migration", *Population, Space and Place*, No. 19, 2013, pp. 87-102.

② Hujo, K., Piper, N., *South-South Migration: Implications for Social Policy and Development*, Eleonore, K., Parvati, R. Palgrave Macmillan, 2010, p. 50.

式从原籍国/农村抽离，成为接纳国/城市再生产和生产劳动力补充时，实际上是被孤立于原籍国与接收国或者国内社会保障系统之外的。处于照护经济链末端的婚姻移民，她们面前的"照护菱形"被全面挤压，无法从国家、社区获得照护帮助，微薄的移民工收入也不可能使她们购买市场化的服务，她们和留守家庭承担着社会照护的全部成本与压力。

女性移民不仅承受着包括生育、保育、儿童教育、照看老人和病患等家庭照护的压力，在迁移的过程中，她们还面临着自我健康照护的缺失。世界银行和相关机构的调查显示：南南移民是全球移民中最弱势的群体，合法身份的缺失使他们挣扎于鲜有社会安全保障系统照料接收社会中。[①] 源源不断灵活的劳动力移民也使得劳动权利和劳动标准不断被降低。而女性移民，则是脆弱群体中的更脆弱者。尽管泰国和中国，区域内两个最主要的移民输入国，近年来都通过相关政策的推行惠及了女性移民家庭照护和自我照护的部分需求，但要全面改善区域内移民妇女的照护需求，还有很漫长的路要走。例如，根据泰国保障计划的规定，在泰国进行过登记的移民工需支付收入的5%，政府补贴同等金额来将其纳入社会保障系统中。但工厂老板为了节省工资成本开支，很少会去帮移民工办理。根据 Apiradee Treerutkuarkul 于2012年的调查显示，仅有2%登记在册的移民工参与了泰国的社会保障计划。[②] 而更为严峻的情况是，那些没有进行过登记的劳动力移民是不能参加这一保障计划的，他们的脆弱性更加引人关注。在云南德宏州，当地政府为来自毗邻国缅甸的移民子女提供了入托、入学等教育服务，在当地的小学，缅甸移民的孩子甚至可以和当地孩子一样获得免费午餐服务。德宏州还将无证婚姻移民纳入了新农合医疗保险制度，极大地解决了婚姻移民妇女生育以及健康照护的需求。然而，在当地务工的其他女性移民工，尚未被纳入新农合医疗保险制度，这也迫使当地务工的很多缅籍移民工妇女将跨国婚姻作为一种结

[①] MMN, Permanently Temporary: Examining the Impact of Social Exclusion on Mekong Migrants, 2016.

[②] Pearson, R., Kusakabe, K., "Who Cares? Gender, Reproduction, and Care Chains of Burmese Migrant Workers in Thailand", *Feminist Economics*, Vol. 18, No. 2, 2012, pp. 149–175.

束自己不稳定（precarious）状态，获取实质性福利的一种策略。[1]

全球照护链一方面为我们梳理澜湄区域内的移民女性化趋势提供了一条明晰的线索，让一直游离在公众和学界视野之外多元化的女性移民，及其从事的生产和再生产活动得以勾勒出完整的轮廓；另一方面也将她们家庭与自我照护需求的缺失问题得以暴露出来。女性移民，无论她们的足迹是从农村到城市，还是从一国到另一国，都应该被视为国家、区域融合发展的建设者。虽然，短时期内，由于区域内各国都是低收入或中等收入国家，很难给女性移民提供体面的工作以及社会保障。但应该认识到女性移民工的照护需求，不仅与其个人，更与其家庭的生活和发展紧密相关。

---

[1] Piper, N., Sohoon Lee, "Marriage Migration, Migrant Precarity, and Social Reproduction in Asia: An Overview", *Critical Asian Studies*, No. 48, 2016, pp. 473-493.

第 七 章

澜湄流动妇女的健康

人类的身体是包含着自我与社会关系的一个整体。① 人类的足迹跨越国家边界在世界范围内影响着经济发展、劳动力市场的转变之时，人类自身的健康和发展也深受社会转型和社会关系变化影响。联合国统计数据显示：2013 年全球移民有 2.32 亿人，预计到 2050 年全球移民人口将超过 4 亿，而其中 43% 的亚洲移民就在亚洲区域内部进行流动。② 移民的生活既深受原籍国社会文化因素的影响，同时也不得不根据移民所在国社会、经济、政治环境的变化而做出新的调整。全世界约有 1100 万的无证移民生活在充满歧视和偏见的社会中，很难获取常规的健康保障及相关医疗资源。移民行动的全球化图景是基于社会、政治和经济形势下不平等性的生产和再生产的缩影。③ 为关注和回应移民人口健康发展的趋势，有关移民健康的调查和相关学术研究在过去 20 多年来不断增加。

在人类移民的历史中，女性移民占据了半壁江山，也发挥了重要作用，2010 年东亚地区有 650 万的移民，女性移民占据了较高比例。④ 伴随着全球化的加剧，传统移民接收国呈现出去工业化（dein-

---

① 西佩·休斯、罗克：《心性的身体：医学人类学未来的研究引论》，罗文宏、黄剑波、张有春译校，《思想战线》2010 年第 6 期。
② International Labor Organization (ILO), "Guide on Measuring Migration Policy Impacts in ASEAN", 2016.
③ Heide Casta? Eda, Seth M. Holmes, Daniel S. Madrigal, Maria-Elena DeTrinidad Young, Naomi Beyeler and James Quesada, Im-migration as a Social Determinant of Health, Annu, *Rev. Public Health*, Vol. 36, 2015, pp. 375-392.
④ IOM, "World Migration Report 2010", International Organization for Migration, Geneva, 2010.

dustrialization)趋势，同时伴随服务行业的兴起，移民国家对移民的需求类型发生了转变，护士、家政服务和保姆行业劳动力缺口的预设目标人群为女性。于是，数量庞大的职业女性（working women）移民成了备受关注的对象，女性移民的性别优势开始被察觉。① 越来越多的女性移民不再仅限于扮演男性尾随配偶的移民角色，更成为独立的国际劳动力移民。无论是在移民数量，还是移民"质量"（即移民类型和发挥的作用）上，女性移民都成了不可忽视的一股力量。除了作为移民配偶、劳动力，以及以跨境新娘的身份主动迁移外，还有很大一部分女性成为人口贩卖组织倒卖的商品，据估计，每年约有200万人口遭到国际贩卖，其中以女性居多，其间她们遭遇到种种虐待、性侵犯，以及疾病的折磨。② 因此女性移民是脆弱的移民群体中的更脆弱者，她们的生存健康和发展应得到更多关注。

第一节　作为一种分析工具的多元交织理论

部分社会学者和公共健康研究者将社会性别视为一个最重要的控制变量（control variable），③ 认为决定男性与女性移民健康的社会因素，以及两性的健康构建范式受其迁移经历，以及输入、输出国社会文化的影响呈现出不同态势。但随着性别和移民互动研究不断深入发展，以及多学科交叉性研究的累积，学者们逐渐发现除了性别这一维度外，妇女的多重社会身份亦使她们深陷高度不平等的社会结构中。父权制度、全球化和社会分层常常通过经济、政治和社会文化制度的方式将女性边缘化、弱势化。基于此，性别研究者逐渐形成一种新的观点：社会身份是由复杂的多维度因素构成的，社会身份的多元交织性将移民女性置于阶层化的社会空间中，从而影响跨境流动妇女的健

---

① 陈雪：《国外性别与移民研究的互动》，《妇女研究论丛》2016年第4期。
② Llacer, A., Zunzunegui, M. V., del Amo J., Mazarrasa, L. and Bolumar, F., "The Contribution of a Gender Perspective to the Understanding of Migrants' Health", *Epidemiol Community Health*, Vol. 61, 2007, pp. 4–10.
③ Hsin-Chieh Chang and Steven P. Wallace, "Migration Processes and Self-rated Health Among Marriage Migrants in South Korea", *Ethnicity & Health*, Vol. 21, No. 1, 2016, pp. 20–38.

康生活。

多元交织性（Intersectionality）这个术语最早出现在1989年，由美国非裔女性学者Crenshaw在其文章《种族与性别的去边缘化交织：一个黑人女性主义学者对反歧视的批评》（Demarginalizing the Intersection of Race and Sex）中提出，她尝试从自身经历出发分析美国社会以黑人女性为代表的少数族群女性的真实生活状况和权利诉求，将多元交织性这一概念作为汇集造成社会不平等性和歧视的交叉路口，去追溯移民女性的边缘化过程，强调在一个更大的意识形态框架中理解主体、有针对性地研究交织性因素带来的问题，并据此提出解决方案。[1] 经过最近20多年的发展，多元交织性理论已成为一个常用于妇女/性别研究、族群研究、健康研究、酷儿研究和历史研究等学科和领域的生产性概念。

多元交织理论秉持以下几个观点。首先，社会生活的各个维度不可能单一抽离出来，形成孤立、纯粹的一种力量，是人们的多重身份，而非某一个社会身份对个体的社会定位产生影响。多元交织性理论坚持认为对于某个特定人群而言，他们的多重身份总会给处于相同时间、地点和历史社会环境中的个体带来相似的经历。正如Yuval-Davis所认为的，社会定位总是在特定的历史条件下，在相互合力中完成。[2]

其次，多元交织性理论作为一种分析框架，并不是简单地将社会身份的几种类别，例如性别、性向、种族、年龄等因素叠加在一起，而是期望洞悉这些产生压迫的因素是如何产生，并如何交织在一起的。为达到这一研究目的，研究者需要采取剥茧抽丝的方式，层层分析社会定位、生存环境、社会力量、产生歧视与从属性地位的重叠系统。

再次，大多数进行多元交织性研究的学者总是致力于倡导社会公平正义，并寻求权力的平等化。因为研究者认为社会的不平等性是一

---

[1] Crenshaw, K., "Demarginalizing the Intersection of Race and Sex: A Black Feminist Critique of Antidiscrimination Doctrine, Feminist Theory and Antiracist Politics", *The University of Chicago Legal Forum*, Vol. 140, 1989, pp. 139-167.

[2] Yuval-Davis, N., "Intersectionality and Feminist Politics", *European Journal of Women's Studies*, Vol. 13, No. 3, 2006, pp. 193-209.

个逻辑结构。权力和权力关系的维系和再生产是可以尝试进行分析的。因此，研究者认为学术界应与政策制定者、草根组织、社区组织等各种社会组织一同合作，促进社会进步。

在各国学者对移民研究的不断深入推进下，多元交织性理论逐渐成为研究弱势人群健康问题的一种分析框架，它关注不同人群所从属的不同社会身份，从而寻找那些隐藏于社会身份之下的因素，在社会定位、健康地位与生活质量方面，对人类生存和发展的影响。在健康研究的语境中，多元交织性指的是对人类身体、心理和精神健康状态有可能产生影响的各种交织性社会来源。各种来源不一的因素聚集在一起，会对个体或者不同人群的健康状况造成迥然各异的结果。[1] 针对移民女性这一特定人群而言，它引导学者们去看待人类生命历程中复杂的历史、政治、文化和社会经济性因素是怎样嵌入移民女性的日常生活，并影响移民妇女的身体状况，又是如何影响她们平等地获得对疾病的认知和诊疗方式的选择。

第二节　大湄公河次区域妇女的跨国流动与影响

2006年世界银行曾指出，无论是国际组织，还是区域性组织，都缺乏有效的对大湄公河次区域内的移民生存状况系统性调查。这主要是由于这一区域内移民与访谈者之间存在语言障碍、移民对自身非法身份的担忧而回避调查、居住地偏远分散以及雇主的阻拦等原因所致。[2] 这也直接导致了区域内移民生存发展相关学术研究的空白，尤其是对女性移民的健康研究更鲜少有之。

过去30年，非正式的移民渠道，成为很多大湄公河次区域内的居民在成员国流动的主要方式。经济、社会和政治因素是造成区域内

---

[1] Khanlou, N., "Mental Health Promotion Education in Multicultural Settings", *Nurse Education Today*, Vol. 23, No. 2, 2003, pp. 96-103.

[2] World Bank, *Labor Migration in the Mekong Sub-Region*, A Synthesis Report, Phase I, 2006.

女性移民被动或主动迁移的主要原因。原籍国工作机会的匮乏、国家内部的战乱、女性自身对寻求更好生活的渴望、移民接收国的性别比例失衡，以及原籍国与移民目标国之间的收入差距等因素形成了推动妇女流动的拉力与引力。同时，移民接收国日渐兴起的外向型经济模式和服务产业吸引了大量移民妇女通过正式或非正式的方式参与到新兴经济和性别化的劳动中。此外，由海外移民构成的移民网络（migrant network）不断扩大并产生累积效应（cumulative causation），也推动更多的新移民投身于移民洪流中。① 泰国是区域内部最主要的移民接收国，境内约有 300 万来自缅甸、老挝和柬埔寨的移民，其中大部分移民未获得合法身份。② 与此同时，伴随着改革开放经济形势的不断发展，中国境内的云南省与广西壮族自治区也成为主要的移民输入地。在云南，以缅甸、越南和老挝等国家为主的女性跨境婚姻人口也呈现出逐年剧增的现象，以保山市为例，截至 2013 年底，保山市入境跨境婚姻人口增长为 8083 人，近年来平均以每年 10% 以上的速度持续增长。③ 2014—2015 年，在联合国发展项目的支持下，来自中国云南、越南、缅甸、老挝和泰国在内的大湄公河次区域内的研究者对 114 名区域内的跨国流动妇女进行了深度访谈，其中 70 名妇女受访于她们身处的移民国家，其余 44 名受访妇女已返回原籍国，并在原籍国接受访谈，受访者中仅有 59% 的女性拥有合法出入境登记，剩余 41% 的女性为非法移民。④ 此次调查弥补了长期以来大湄公河次区域女性移民健康研究的不足，为深入了解这一地区女性移民的生活

---

① Stephen Castles, Hein De Haas and Mark J. Miller, *The Age of Migration: International Population Movements in the Modern World the Fifth Edition*, London: Palgrave Macmillan, 2014, p. 16.

② International Organisation for Migration (IOM), "Thailand Migration Report 2011: Migration for Development in Thailand: Overview and Tools for Policymakers", available at: http://reliefweb.Int/sites/reliefweb.int/?Les/resources/TMR-2011.pdf, 2007.

③ 陈雪、杨国才：《中缅跨境婚姻移民人口阶段性剧增现象研究》，《云南社会科学》2016 年第 3 期。

④ 此次调查是由活跃于湄公河流域，并致力于这一地区移民研究和权利保护的湄公河移民网络组织（Mekong Migration Net-work）联合大湄公河次区域内各国健康专家所做的一次专门针对区域内部跨境流动妇女健康的调查。笔者作为云南省健康与发展研究会该项目的代表，全程参与了本项目的调查研究、讨论与报告撰写，获得了全面翔实的调查资料。

和健康状况、加强区域合作打下了坚实基础。

调查显示首先大湄公河次区域女性移民大都通过非常规（irregular）方式流动，且长期处于无证（undo-cumented）状态中，悬置的身份使其很难获得医疗资源和维护自身平等的权利。还有相当一部分女性移民在移民过程中沦为无国籍者，并直接导致其子女也成为无国籍者。① 其次，区域内的女性移民类型具有显著的性别化特征。其移民类型总是被局限在两种狭小的分类中。一是成为低技能的移民劳工，被逐渐固化为"年轻、贫苦、柔顺、可随意处置的形象"②，要么从事家政、服装生产等手工业，要么沦为娱乐和性相关产业的从业者，还有大批女性移民与男性移民一样，从事本地人不愿意做的"3D"工作。③ 二是与日本、韩国、中国台湾和中国香港等亚洲其他国家和地区的外来女性移民相似，成为接收国的婚姻移民。在大湄公河次区域内，女性婚姻移民人口主要集中在云南省和广西壮族自治区的边境地区，来自山水相连的缅甸、越南和老挝三国。

尽管尚未有关于女性移民对大湄公河次区域经济及社会发展贡献的精确统计数据，但无论是对移民输出国，还是输入国而言，她们的迁移都带来了不可否认的贡献。例如，此次调查中，笔者发现，妇女通过移民打工寄回的汇款（remittances）已成为区域内越南、缅甸和老挝等国家重要的现金收入之一。虽然由于性别歧视，妇女常常只能在相同工作中得到比男性更少的收入，但她们更愿意将收入中的大部分寄回国，甚至很多成为跨境婚姻移民的女性，婚后仍向原生家庭定期寄去汇款。联合国2013年的相关调查显示，在老挝，女性移民寄回的汇款比她们的男性同伴要多1/6。④

---

① Mekong Migration Network, *Self-Care & Health Care：How Migrant Women in The Great Mekong Subregion Take Care of Their Health*, Chiang Mai：Chiang Mai University, 2015, p. 26.

② UN Women, "Managing Labor Migration in ASEAN：Concerns for Women Migrant Workers", 2013.

③ "3D"工作，指的是 Dirty（肮脏的）、Dangerous（危险的）和 Demanding（条件苛刻的）的工作，最早用来形容蓝领工人的工作境遇，后来专指低技能劳动力移民，尤其是亚洲移民从事的工作类型。

④ Bandita Sijapati, *Women's Labour Migration from Asia and the Pacific：Opportunities and Challenges*, Issue in Brief, No. 12, 2015.

这些汇款促进了女性在原生家庭中的地位转变。汇款可以看作一种家庭声望提升的标志，她们不再是男性的依附，而成为维持家庭生存与发展的主要经济来源（bread winner）。[1] 除去经济性汇款，女性移民还不断地向原生国返回有关的新思想、技能、观念和知识等社会性汇款。这些社会性汇款对促进当地社会经济发展、提升性别平等和人权自由意识等方面有着重要意义。

女性移民在区域内的贡献有目共睹，她们的健康及发展却不容乐观。大湄公河次区域内的各国医疗条件和相关政策具有很大的差距，且各成体系。与各国移民灵活、频繁的迁移形式相比，各国针对移民的医疗合作与互动显得十分被动且不够机动。大部分输出国的医疗保障体系都将移民拒之门外，移民女性身处异国，常常遭遇到各种来自工作、自身或是生育健康方面的疾病困扰，却往往很难获得实际的医疗资源，在区域内各国的访谈中，绝大部分的受访女性表示自我诊疗（self-care）是其对抗疾病，保持健康的最主要方式。[2]

第三节　多元社会身份与女性移民健康

在各种组织机构的调查中，新移民人口与其原籍国的同胞相比，身体各项指标往往更健康。这种现象被称为"健康移民效应"（healthy migrant effect），是指劳动力移民在前往目标国之前，总会自主地进行一次健康筛选。因为通常只有健康的人群才能承受迁移中的种种不适应。[3] 然而一旦到达新的国家后，移民，特别是通过非法渠道迁移的移民，很容易成为当地的健康隐形人，消失于各种疾病监

---

[1] Loperz-Ekra, S., C. Aghazarm, H. Kotter and B. Mollard, "The Impact of Remittances on Gender Roles and Opportunities for Children in Recipient Families", *Research from the InternationalOrganization for Migration*, Vol. 19, No. 1, 2011, pp. 69–80.

[2] Mekong Migration Network, *Self-Care & Health Care: How Migrant Women in The Great Mekong Subregion Take Care of Their Health*, Chiang Mai: Chiang Mai University, 2015, p. 78.

[3] Jasso, G., Migration, "Human Development and the Life Course", In J. Mortimer & M. Shanahan eds., *Handbook of the Life Course*, Hingham, MA: Kluwer Academic Publishers, 2003, p. 46.

控、卫生防疫和健康保障系统之外，他们对健康的自我评定和参与使用公共医疗服务的能力都成了新的社会问题。

学者 Asis 指出多元交织性理论对于研究亚洲区域内部的移民问题有着非常明晰的优势，因为这一地区的移民现象具有以下四个典型特征：一是移民主要集中在区域内部；二是移民以低技能、低收入者为主；三是非常明显的女性化趋势；四是大部分移民不具备合法身份。[①] 这四点也是大湄公河次区域内部的移民流动特征。此外，大湄公河次区域还有另一个显著的特征是区域内的国家皆为发展中国家，因此移民总体上是一种南南国家之间的移民，[②] 贫困是区域内各国需要共同对抗的社会问题之一。上述四个特征已清晰地概括出区域内移民健康研究对象的多重身份：非公民、低收入、女性、非法渠道以及贫困。

跨国流动妇女处理自身健康问题可以划分为四个阶段，分别是：第一阶段的疾病预防，主要是指从事危险工种的女性移民会采取一些基本的防护措施；第二阶段的自我疗愈，大多数女性移民在自我能承受的范围内大多采用原生家庭内部传授的，或者母国传统的疗法进行自我诊疗；第三阶段是前往药店购买药品，药店是女性移民在自我疗愈失败之后的首选医疗资源，但她们在当地的药店往往会遇到语言和文字交流方面的障碍，因此她们通常会选择本国同胞在当地开设的药店购药，或者前往移民同伴介绍的药店咨询病情；第四阶段才是到正规的医疗机构进行诊疗，这是女性移民置于最末的选择。在访谈过程中大部分年轻未婚的女性移民在新移民国家甚至从未去过医院，她们只有在生产或手术时才会去医院问诊。与此形成鲜明对比的是，各种

---

① Asis, Maruja, M. B., *Gender Dimensions of Labor Migration in Asia. Report Prepared for High-level Panel on The Gender Dimensions of International Migration*, New York: Commission on the Status of Women, Fifth Session.

② 全球移民可以分为四条主要的移民流向，分别为：(1) 南—南的移民流，是指发生在两个发展中国家之间的迁移；(2) 南—北的移民流，指人口从一个发展中国家向一个较发达国家迁移；(3) 北—北移民流指发达国家之间的人口流动；(4) 北—南移民流，则是从发达国家向发展中国家迁移。其中南南内部的移民人口占据了全球最大的移民人口比例，在 2010 年达到了全球移民人口的 34%。详见 International Labor Organization (ILO), "Guide on Measuring Migration Policy Impacts in ASEAN", 2016。

宗教的礼拜堂成为女性移民寻求身体健康和精神慰藉的一种日常机制，她们在面临健康问题的各个阶段都会根据自己的宗教信仰，自发地去寺庙、教堂等地虔诚地祈祷，这也成为她们自我疗愈的一种仪式。

学者 Guruge 和 Khanlou 描绘出移民处于不同社会语境中的多重身份对其健康状况造成影响的模式图，主张利用多元交织分析框架对移民健康进行全方面的考察（见图 7-1）。①

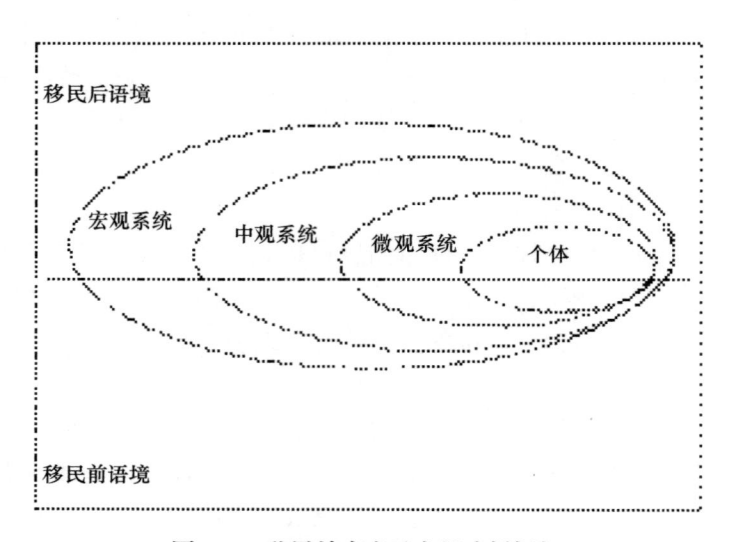

图 7-1 移民健康多元交织分析框架

多元交织分析框架为研究跨境流动妇女的健康问题提供了一个基础平台。在此基础上，跨境流动妇女的多重社会身份得以与微观、中观和宏观的环境因素结合在一起探讨。从图中可以看出，移民健康状况受到来自个体、微观层面（即家庭）、中观层面（即社区）以及宏观层面（即社会经济政治文化环境）的影响，四个系统相互作用，并伴随移民所处的不同阶段，即移民前与移民后两个阶段对移民健康

---

① 该图为笔者翻译绘制还原，原图详见 Sepali Guruge and Nazilla Khanlou, "Intersectionalities of Infulence: Researching the Health of Immigrant and Refugee Women", *Canadian Journal of Nursing Research*, Vol. 36, No. 3, 2004, pp. 32-47。

状况产生综合性作用。只有在结构化和系统化的框架下探讨不平等性，及其对女性移民健康与寻求医疗方式的影响，才有可能真正逐渐促进这一群体健康水平的提升。

在个体层面，跨境流动妇女的受教育程度、种族/民族、社会阶层、作为女性的身份、年龄，以及移民身份的合法性都对其健康状况产生直接影响。当然毋庸置疑，个体的身体病理特征对其健康状况有着最直接的影响，但这往往会使人们陷入误区，仅将跨境妇女的健康问题视为孤立的个体问题，而非一个公共健康问题。调查发现身处柬埔寨的非法女性移民不愿意到包括药店在内的所有医疗机构买药、看病的一个重要原因，是她们担心到家和工作地点以外的地方，会导致她们有被逮捕和遣返的可能。此外，即使是同样身份的女性移民，她们对当地语言的使用能力也决定了她们了解移入国相关健康医疗信息和问诊的质量。

在微观层面，女性移民的健康状况是与其家庭成员以及成员之间的关系密不可分的。一方面，父权制使得大多数跨境妇女在家庭中要面临比其身为男性的同胞兄弟，或者丈夫更低的健康医疗条件，从而造成了其相对易感性。另一方面，区域内的大多数移民女性受教育程度不高，她们绝大部分的健康保健和自我诊疗知识都来源于家庭内部。访谈中，很多女性移民谈到自我疗愈时，通常会采用诸如姜茶、各类草药、针对某种病症的特殊食物、推拿刮痧，还有冥想等以家庭传承为主的治疗方式。一个在柬埔寨以做小生意为生的50岁越南妇女说："我妈妈曾教我在生产时要用一种从森林里专门采摘的树叶来煮水喝，那种叶子对缓解出血性的高烧非常有效，这个方法我在柬埔寨也会用，还教给了我的儿媳。"

在中观层面，跨境妇女在所生活的社区内建立的正式和非正式的社会网络对其健康也构成了影响。跨境流动妇女的社会网络较为脆弱，且充满了变动性。多变的邻里关系、频繁更换且不安全的工作环境也都为其健康状况埋下了隐患。各种随时可能发生的外伤甚至生命事故、皮肤损伤，长时间高强度劳动带来的精神压力，还有随时困扰着从事性工作女性移民的性病与艾滋病毒，使女性移民流动的生活处处充满荆棘。好的生活与工作环境对女性移民来说是可遇不可求的。在云南瑞丽一个食品加工厂打工的缅甸女孩在访谈中称自己非常珍惜自己的异国工作，因为老板很"人性化"，夏天会给她们发蚊香，还会根据时节变化，不时地给她们发放一些预防流行病的药物。同样来自缅甸，在泰国为当地农户打工的另一个20岁女孩就没有那么幸运，她说由于长期在田地里喷洒气味浓重的农药，有很长一段时间觉得自己几乎不会呼吸了，手臂肿胀到拿不起餐具，皮肤出现大量的皮疹。

学者们还指证出包含医疗健康、教育、经济和社会政策在内的宏观层面因素对处于社会底层的人群也产生着巨大的影响，因为这些宏观因素往往是造成社会、经济不平等性产生的根源，而健康问题的不平等性是所有不平等性的集中体现。例如在云南，同样是不具备合法身份的女性移民，由于相关地方政策的保护，与当地男性结婚的女性移民可以凭借家庭成员的身份参与当地新型农村合作医疗保险，在每年缴纳少量的费用后，便能享有与当地农村居民相同的医疗福利，女性移民生育、生病住院等大部分医疗费用都能直接免除，或给予部分报销，这对提高当地跨境婚姻妇女健康及其生存质量起到了显著的提升作用。而在当地从事餐馆服务员工作，或者其他行业的女性移民却不能获得这样的福利待遇，这也促使越来越多的劳动力女性移民最终选择与当地男性结婚，以获得稳定的生活及实质性的社会福利保障。在柬埔寨，非法状态却使女性移民很难获得除NGO以外的任何医疗服务和救助。就连在金边郊区斯维帕克（Svay Pak）这种以非法越南女性移民为主的村庄里，也没有任何针对这一群体的医疗或者其他救助政策。在泰国，政策对非法与合法女性移民有着截然不同的医疗待遇。大部分手持合法入境手续的柬埔寨籍女性移民在泰国从事家政工作，就能获得政府强制雇主为她们提供完整的医疗保险，这是作为她们薪酬中的固定组成部分，而法律却不能为非法女性移民提供任何医疗保障。

在迁移之前，女性的健康行为由其原生家庭、母国的价值观、社会习俗所塑造，迁移到新的国家后，她们的健康状况一方面受到包括所属社会阶层、性别、年龄、民族，以及在原籍国与接纳国所居住的时长等个体因素的影响；另一方面也受到移民接收国家社会结构因素的影响，包括医疗和社会服务的完善程度，以及她们建立的移民网络。移民网络使她们身在异国却仍延续原国文化，从而使她们坚持原有文化中的传统疗法，坚持宗教信仰对疾病的诠释与疗愈。透过多元交织分析框架，可以还原大湄公河次区域跨国流动妇女移民前的人生、移民后的遭遇、本地化的生存图景，更有跨国的、区域化的健康发展图景，并从中清晰地认识到：尽管多重社会身份与社会文化实践会导致这一弱势群体生存地位的边缘化，但同时也存在改善和改变的空间与希望。

第四节 区域合作与共同促进

女性移民不仅是大湄公河次区域，更是整个亚太地区跨国移民的一个重要组成部分。这不仅仅是指女性移民数量上的逐年递增，更是指女性移民的构成和贡献呈现多样化发展的态势。然而当谈及健康问题时，大多数女性移民还是只能将其远远放置于赚钱糊口之后，只有当疾病真正成为绕不开的拦路虎时，她们才会去面对健康问题。学者 Murray 指出："妇女的健康问题绝不能等同于一个单纯的医疗问题，而是一个文化、政治和经济，并包括其他相关社会公平正义因素的问题"，[1] 与此同时，无论是从生育还是抚育教养的角度来说，女性的健康还与其下一代的健康有直接关联。多元交织性因素带来的不平等性和歧视将区域内的妇女陷入一个收入不及男性同伴、更少的受教育机会、在家庭和医疗系统中差别化待遇的环境体系中。尽管区域内各国一些专门针对反歧视的法案、劳动力保护法以及相关的妇女权益法案，也一定程度上将女性移民纳入了保护范围，但当妇女需要寻求医疗资源保护时，往往无从依靠。她们拥有多元化的身份，原本应该在每一种身份下都受到保护，但事实上却成为各类纵横交错的保护政策之下的隐形人，与原籍国、接收

---

[1] Mekong Migration Network, *Self-Care & Health Care: How Migrant Women in The Creat Mekong Subregion Take Care of Their Health*, Chiang Mai: Chiang Mai University, 2015, p.74.

国的医疗资源和法律援助失之交臂。透过多元交织理论框架的分析，能够对区域内各国、各组织未来的行动给予更中肯的建议，通过更有效的合作与行动，促进女性移民多元社会身份平权化，从而提高她们的生活质量和健康水平。

笔者认为当前区域内各国面临的首要任务是加强双边、多边与区域内部合作，简化各国出入境登记手续，在时间、费用、办理程序上为愿意走合法渠道的移民提供便利，扩大移民劳工的工种类型，以使更多女性能够获得合法移民身份，并对现有的以性别中立化为主的劳动、移民政策和相关法律进行调整。只有通过增修和完善一些更有性别针对性（gender-sensitive）的政策和法律，如反对性别歧视、要求两性收入平等、保护移民配偶与作为配偶的移民群体的权利、对劳动力移民中的特别脆弱群体的保护等，才能切实有效地保护女性移民的人权与健康权。

对接收国而言，应该从以下几方面来提高女性移民的健康保障权利：一是联合公共安全、移民管理、医疗部门、劳动保障部门、妇女权利保护机构、雇用跨境女性移民的私营企业等部门和机构共同行动以促进提高这一人群的健康生活水平，确保跨境女性移民在其健康生活的各个阶段都能够获得综合的、经济上可能承受的、有质量的、具有性别敏感性的医疗服务，尽可能地缩小与当地妇女在获取生殖和生育医疗资源方面的差距；二是保证女性移民能够不受歧视地参与到艾滋病毒相关的预防、检测和治疗体系中，公平地获取相关医疗资源和服务；三是对跨境女性移民集中地区的医疗工作人员进行有针对性的培训，提高其对女性移民的医疗服务水平，尤其是药店工作人员作为女性移民最主要的医疗咨询对象，加强其健康素养和医疗护理知识与技能的培训能够直接或间接地提高跨境女性移民的健康素养；四是加大对女性移民医疗知识的培训投入，由于跨境流动妇女在沟通和交流上面临语言障碍，故应加强相关医疗健康资料的多国/多民族语言翻译，使女性移民更准确地掌握卫生防疫和疾病预防的基础知识；五是规范私营企业等女性移民用人单位针对女性移民的产假和病假制度，为这一群体争取更多的健康权利保障和福利；六是通过大众媒体、乡镇宣传等多种渠道，以跨境女性移民为目标人群开展相关健康政策、服务和健康知识的信息宣传，增强其善用政府相关医疗资源的意识和能力。

移民输出国应该为本国潜在的女性移民和返乡女性提供专业化的服务和培训，使其在开始跨国迁移之前对输出国的公共医疗服务资源和相关移民的法律政策有全面系统的了解，并对迁移中有可能遭遇的危险有深刻的认识，提高其防范意识，并学会相应的求生和求助技能，能够在面对诸如暴力、强奸、劳动盘剥、怀孕后被解雇等突发性事件时获得最大化的救助，同时提供专门的热线服务，为跨境女性移民提供有效的心理咨询服务，成为其迁移行动背后的强大后盾。

大湄公河次区域内还有很多活跃的非政府组织，应该调动这些非政府组织在服务跨境流动妇女方面的作用，使其在提高跨境妇女自我诊疗水平、帮助其更好地利用公共医疗资源方面发挥更重要的作用，帮助跨境流动妇女争取到更多公平的健康发展权利。

除了中国，大湄公河次区域内的柬埔寨、老挝、缅甸、泰国以及越南都是东盟成员国，他们在东盟内部签署了包括2008年《东盟宪章》中关于"促进及保护人权和基本人身自由"，以及"通过提供公平发展的机会促进社会福利及平等，并最终提高东盟人民收入及生活水平"的承诺，还于2014年在曼德勒签订旨在"开展由公共安全、跨国移民、健康、劳工、民间团体，以及私营业主参与的多边合作，促进移民获得健康服务"的合作协议。[①] 而中国在大湄公河次区域内对女性移民的权利保障和医疗服务方面所做出的努力，也通过此次调查在区域内各国得以广泛传播。不仅如此，中国在2016年6月还正式申请加入国际移民组织，愿意在国际移民领域发挥更大的贡献。习近平总书记更在多个场合、多次演讲中提到了"命运共同体"的主张，从国与国到区域内，再到人类命运共同体，体现了中国秉持对各个区域内部、对世界人民共同发展的决心与愿景。在这一系列合作发展的基础上，还有"北京+20"和"2015年后发展议程"等讨论奠

---

① Mekong Migration Network, *Self-Care & Health Care: How Migrant Women in The Great Mekong Subregion Take Care of Their Health*, Chiang Mai: Chiang Mai University, 2015, p. 98.

定的关于妇女平等、充权（empowerment）以及女性更平等、更持续的发展的共识。尽管区域内的移民与健康治理在未来一个很长时期内还难以形成一种制度化的政策，但相信通过区域化的、有针对性的政策合作治理，一定能够逐渐改善跨境流动妇女被建构的多重弱势身份，使这一群体更多地获得社会关注和保护，并享有更公平的医疗资源，营造区域内妇女平等发展的良好环境。

参考文献

一 中文

著作

爱门森：《国际跨文化传播精华文选》，浙江大学出版社 2007 年版。

陈向明：《旅居者和"外国人"——留美中国学生跨文化人际交往研究》，教育科学出版社 2004 年版。

陈向明：《质的研究方法与社会科学研究》，北京教育科学出版社 2000 年版。

成伯清，格奥尔格·齐美尔：《现代性的诊断》，杭州大学出版社 1999 年版。

戴波：《跨境婚姻的多维透视》，中国社会科学出版社 2016 年版。

范小林：《寻梦中国：从乡村到城市的奋斗之路》，江苏人民出版社 2016 年版。

郭建斌：《文化适应与传播》，云南大学出版社 2007 年版。

景天魁：《社会认知的结构和悖》，中国社会科学出版社 1993 年版。

李银河：《性爱二十讲》，天津人民出版社 2008 年版。

林崇德主编：《人际关系心理学》，北京人民教育出版社 1999 年版。

马冬编：《中外文化交流及语用分析》，北京大学出版社 2006 年版。

世界银行 2006 年全球经济展望编写组：《2006 年全球经济展望：移民及其汇款的经济影响》，中国财政经济出版社 2006 年版。

王宁：《从苦行者社会到消费者社会 中国城市消费制度、劳动激励与主体结构转型》社会科学文献出版社 2009 年版。

薛可等主编：《人际传播学》，上海同济大学出版社 2007 年版。

阎云翔：《私人生活的变革：一个中国村庄里的爱情、家庭与亲密关系：1949-1999》，龚晓夏译，上海书店出版社 2006 年版。

周建新：《和平跨居论》，民族出版社 2018 年版。

［德］盖奥尔格·西美尔：《社会学》，林荣远译，华夏出版社 2002 年版。

［法］路易·迪蒙：《论个体主义》，谷方译，上海人民出版社 2003 年版。

［美］布拉德福德·J. 霍尔：《跨越文化障碍——交流的挑战》，麻争旗等译，北京广播学院出版社 2003 年版。

［美］戴维·麦尔斯：《心理学》，侯玉波等译，人民邮电出版社 2006 年版。

［美］克利福德·格尔茨：《文化的解释》，韩莉译，上海译林出版社 1999 年版。

［美］拉里·萨默瓦等著：《文化模式与传播方式——跨文化交流文集》，麻争旗等译，北京广播学院出版社 2003 年版。

［美］卢克·拉斯特：《人类学的邀请》，王媛等译，北京大学出版社 2008 年版。

［美］诺曼·K·邓金：《解释性交往行动主义》，周勇译，重庆大学出版社 2004 年版。

［美］乔治·米德：《心灵、自我与社会》，赵月瑟译，上海世纪出版集团 2005 年版。

［美］莎伦·布雷姆等：《亲密关系》，郭辉等译，人民邮电出版社 2005 年版。

［美］詹姆斯·W·凯瑞：《作为文化的传播》，丁未译，华夏出版社 2005 年版。

［英］安东尼·吉登斯：《现代性与自我认同晚期现代中的自我与社会》，夏璐译，中国人民大学出版社 2016 年版。

阿尔君·阿帕杜莱：《全球化》，韩许高等译，江苏人民出版社 2016 年版。

期刊

陈雪，杨国才：《中缅跨境婚姻移民人口阶段性剧增现象研究》，《云南社会科学》2016 年第 3 期。

陈雪：《多元交织理论框架下的女性移民健康研究——以大湄公河次区域跨国流动妇女为例》，《云南社会科学》2017 年第 1 期。

邓睿、廖芮：《社会语境下艾滋病传播风险防范机制的建构——基于云南边境跨国务工傣族女性及其留守丈夫的分析》，《思想战线》2015 年第 41 期。

费孝通：《经济全球化和中国"三级两跳"中的文化思考》，《中国文化研究》2001 年第 1 期。

黄彩文、和光翰：《中缅边境地区外籍劳务人员与边疆安全》，《学术探索》2016 年第 8 期。

李勤：《少数民族妇女外流对当地社会的影响——以云南贡山县为例》，《云南民族大学学报》（哲学社会科学版）2005 年第 4 期。

林勇：《移民汇款对经济增长促进作用的实证检验》，《亚太经济》2017 年第 5 期。

麻国庆：《社会与人民：中国人类学的学术风格》，《社会学研究》2020 年第 4 期。

马加巍：《中缅边境地区的外籍流动人口调查研究》，《边疆经济与文化》2015 年第 10 期。

司开卫、王渊、张旭、刘建新、吴锋、李小其、程彦斌：《"一带一路"背景下医学留学生教育的实践与反思——以西安交通大学为例》，《中国医学教育技术》2020 年第 6 期。

田素庆：《瑞丽缅甸籍人员服务管理现状研究》，《湖北警官学院学报》2017 年第 1 期。

万学红：《"全球医学教育最低基本要求"简介》，《浙江医学教育》2002 年第 1 期。

西佩·休斯、罗克：《心性的身体：医学人类学未来的研究引论》，罗文宏，黄剑波，张有春译，《思想战线》2010 年第 6 期。

荀渊：《从无边界教育到无边界学》，《电化教育研究》2019 年第 5 期。

  网络文献

光明网：《52 人，第一批留学生，成就几何》，2015 年 9 月 30 日，https：//epaper.gmw.cn/zhdsb/html/2015 - 09/30/nw.D110000zhdsb_ 20150930_ 1-05.htm，2022 年 9 月 6 日。

国家统计局：《第七次全国人口普查公报（第五号）》，2021年5月11日，http：//www.stats.gov.cn/tjsj/zxfb/202105/t20210510_1817181.html，2022年9月6日。

人民网：《每年约1.3万名留学生来华学习中医药》，2017年5月22日，http：//edu.people.com.cn/n1/2017/0522/c1053-29289978.html，2022年9月6日。

人民网：《中国医学教育国际认可度不断攀升留学生突破4万》，2012年11月23日，http：//edu.people.com.cn/n/2012/1123/c1053-19676761.html，2022年9月6日。

中国教育发展战略学会，人才发展专业委员会，中共教育部党组：《奋力谱写新时代新征程教育改革发展新篇章》，2022年9月16日，https：//hr.edu.cn/yaowen/202209/t20220916_2246223.shtml，2022年9月18日。

中国科学报：《高校留学教育：一收一支总关"情"》，2019年8月14日，https://news.sciencenet.cn/sbhtmlnews/2019/8/348669.shtm，2022年9月18日。

中华人民共和国教育部：《铸就辉煌的教育道路——写在中华人民共和国成立七十周年之际》，2019年9月29日，http：//www.moe.gov.cn/jyb_xwfb/s5148/201909/t20190929_401539.html，2022年9月6日。

中华人民共和国教育部：《2018年来华留学统计》，2019年4月12日，http：//www.moe.gov.cn/jyb_xwfb/gzdt_gzdt/s5987/201904/t20190412_377692.html，2022年9月6日。

中华人民共和国商务部：《昆明至南亚东南亚通航点全国最多》，2019年9月17日，http：//www.mofcom.gov.cn/article/resume/n/201909/20190902899756.shtml，2022年9月6日。

二 外文

Ministry of Health, Labor and Welfare, Japan, "JinkoDotai Tokei no Gaikyo（Brief summary of Population Statistics）", http：//www.mhw.go.jp/toukei/9nenfix/marr_k.html，1995，09.

Ministry of the Interior, Republic of China, "The Analysis of the Marriage Condition in Taiwan", 1998, http://www.moi.gov.tw/W3/stat/topic/topic318.html, 1999.

ADB., *Regional Cooperational Strategy and Program Update*, 2006.

Alicia Pingol ed., *Remaking Masculinities: Identity, Power, and Gender Dynamics in Families with Migrant Wives and Househusbands*, UP Center for Women's Studies: Ford Foundation, 2001.

Anderson, B. & Shutes, I., *Migration and Care Labour, Theory, Policy and Politic*, Eds., Isabel, S., Bridget A. Introduction: Palgrave Macmillan, 2014.

Annekeand Vermeulen Robert, "Working Paper Migrants' Choice of Remittance Channel: Do General Payment Habits Play a Role?", *ECB Working Paper*, 1683.

AP Orozco, D. Paiewonsky and M. G. Domínguez, *Crossing Borders II: Migration and Development from a Gender Perspective*, UN-INSTRAW, 2010.

Appadurai Arjun, *Modernity at Large: Cultural Dimensions of Globalization*, Minneapolis: University of Minnesota Press, 1996.

Asis, Maruja, M.B., *Gender Dimensions of Labor Migration in Asia. Report prepared for High-level panel on The Gender Dimensions of International Migration*, New York: Commission on the Status of Women, Fifth Session.

Atance, Cristina M., O'Neill, Daniela K., "Episodic Future Thinking", *Trends in Coqnitive Sciences*, 2001, pp. 533-539.

Balibar, E. and Wallerstein, Stephen Castles (eds.), *Race, Nation, Class: Ambiguous Identities*, London: Verso, 1991.

Benson, M. & O'Reilly, K. *Lifestyle Migration and Colonial Traces in Malaysia and Panama*, London: Palgrave Macmillan, 2018.

Benson, M, "Negotiating Privilege in and Through Lifestyle Migration", in Benson, M. & Osbaldiston, N. eds. *Understanding Lifestyle Migration Theoretical Approaches to Migration and Quest for a Better Life*, NY:

Palgrave Macmillan, 2014.

Black, R. "Migration as a Public Good: Can Migration Work for Development?", in B. Berendsen (ed.), *Common Goods in a Divided World*, Amsterdam: KIT Publishers, 2011.

Blalock, H. Jr., *Toward a Theory of Minority Group Relations*, New York: John Wiley, 1967.

Chalamwong, Yongyuth, Government Politics on International Migration: *Illegal Worker in Thailand*, Ananta, A., Nirvidya E. A. Eds., Sinapore: Institute of Southeast Studies, 2004: 352-373.

Cheong, Poh Ping Lee and Kam Hing Lee, "From Patrimonialism to Profit: The Changing Flow of Funds from the Chinese in Malaysia to China", England: *Journal of Contemporary Asia*, 2017.

CRUMP (Cambodia Rural Urban Migration Project), "*A Crump Series Report Women and Migration in Cambodia*", 2013.

Daly Mary & Standing, G., *Care Work: The Quest for Security*, *Care Work: Overcoming Insecurity and Neglect*, Geneva: International Labour Office, 2001.

Daly Mary, "*Care Work: The Quest for Security*", Standing, G., *Care Work: Overcoming Insecurity and Neglect*, Geneva: International Labour Office, 2001.

Dilip, *Workers' Remittances: An Important and Stable Source of External Development Finance*, New York: Social Science Electronic Publishing, 2003.

Durand Jorge & Massey, Douglas S., *Crossing the Border: Research from the Mexican Migration Project*, New York: Russell Sage Foundation, 200.

Farrer, J., *International Migrants in China's Global City The New Shanghailanders*, NY: Routledge, 2019.

Fechter, A. & Walsh, K., "Living in a Bubble: Expatriats' Transnational Space", in Amit, V. eds, *Going First Class? New Approaches to Privileged Travel and Movement*, NY: Berghahn Books, 2007.

Glassman Jim, *Bounding the Mekong: The Asia Development Bank, China, and Thailand*, University of Hawai'i Press, 2010.

Goodwin Craufurd D. ed., *International Investment in Human Capital: Overseas Education for Development*, New York: Institute of International Education, 1993.

GSO (General Stastical Office), "The 2009 Vietnam Population and Housing Census: Major Findings", Hanoi, 2010.

Hoang, L. & Yeoh, B., *Transnational Labor Migration, Remittances and the Changing Family in Asia*, Palgrave Macmillan, 2015.

Hochschild Arlie & Machung Anne, *The Second Shift*, New York: Penguin Group, 1989.

Hochschild Arlie, "The Culture of Politics: Traditional, Postmodern, Cold-Modern, and Warm-Modern Ideals of Care", *Social Politics*, 1995.

Huijsmans Roy, "Gender, Masculinity, and Safety in the Changing Lao-Thai Migration Landscape", T. D. Truong Eds., *Migration, Gender and Social Justice: Perspectives on Human Insecurity, Hexagon Series on Human and Environmental Security and Peace*, The Authors, 2014.

Hujo Katja & Piper Nicola, *South-South Migration: Implications for Social Policy and Development*, Eleonore K. Parvati R. Palgrave Macmillan, 2010.

Institute for Health and Social Affairs (KIHASA), "2009 National Survey on Multicultural Families", Seoul: KIHASA, 2010.

International Labor Organization (ILO), "Guide on Measuring Migration Policy Impacts in ASEAN", 2016.

International Organization for Migration (IOM), "Thailand Migration Report 2011: Migration for Development in Thailand: Overview and tools for policymakers", http://reliefweb.

IOM, "Thailand Migration Report 2014", 2014.

IOM, "The ILO Internal Labour Migration in Myanmar in 2015", 2015.

IOM, "Viet Nam Migration Profile 2016", 2016.

IOM, "World Migration Report 2010", *International Organization for*

Migration, Geneva, 2010.

IOM, "Myanmar (2016) ", https：//www. iom. int/countries/myanmar.

Jasso G. Migration, "Human Development and the Life Course", In J. Mortimer & M. Shanahan eds. , *Handbook of the Life Course*, Hingham MA：Kluwer Academic Publishers, 2003.

J. Timmons Roberts, Amy Bellone Hite and NitsanChorev ed. , *The Globalization and Development Reader：Perspectives on Development and Global Change*, UK：Blackwell Publishing, 2015.

Khaing Mi Mi. , *The World of Burmese Women*, London：Zed Books, 1984.

Koser Khalid, Pinkerton Charles, *The Social Networks of Asylum Seekers and the Dissemination of Information About Countries of Asylum*, London：Research Development and Statistics Directorate, 2002.

Levy, J. W. , The Making of the Gringo World：*Expatriates in La Antigua Guatemala*, Berkeley：University of California, 2008.

Lucy William, *Global Marriage：Cross-border Marriage Migration in Global Context Migration, Minorities and Citizenship*, London：Palgrave Macmillan, 2010.

Lyttleton Chris, *Intimate Economies of Development：Mobility, Sexuality and Health in Asia*, London and New York, NY：Routledge, 2014.

MAP Foundation, "Regular Rights：Second Edition-A Study on the Impact of Regularization of Migrant Workers from Myanmar in Thailand", http：//www. Mapfoundationcm. org/pdf/eng/2_ Regular%20Rights%20II_ Eng%20_ FINAL%20-OK. pdf.

Mekong Migration Network, *Self-Care & Health Care：How Migrant Women in The Great Mekong Subregion Take Care of Their Health*, Chiang Mai：Chiang Mai University, 2015.

Michael, J. , Birds of Passage：*Migrant Labor and Industrial Societies*, Cambridge：England, Cambridge University, 1979.

Moss L. Moss, *The Amenity Migrants Seeking and Sustaining Mountains and their Cultures*. Oxfordshire：CABI, 2006.

NG Shun Wing, "Rethinking the Mission of Internationalization of Higher Education in the Asia-Pacific Region", *Compare: A Journal of Comparative and International Education*, 2012.

Nicola and Mina Roces, eds. *Wife or Worker? Asian Women and Migration*, Lanham, MD: Rowman and Littlefield, 2003.

Nundy Madhurima, Baru Rama V., "Student Mobility for Higher Education The Case of Indian Students Studying Medicine in China", *National Institute of Educational Planning and Administration*, 2019.

Ong, A., *Neoliberalism as Exception Mutations in Citizenship and Soveignty*, Durham, NC: Duke University Press, 2006.

Paine, S., *Exporting Workers: The Turkish Case*, Cambridge: Cambridge University Press, 1974.

Pang Tikki, Lansang Mary Ann, Haines Andy, "Brain Drain and Health Professionals: A Global Problem Needs Global Solutions", *British Medical Journal*, 2002, pp. 499–500.

Pearson, R., Kusakabe, K., "Remittances and Women's Agency: Managing Networks of Obligation among Burmese Migrant Workers in Thailand", in Lan Anh Hoang and Brenda S. A. Yeoh (eds.), *Transnational Labour Migration, Remittances and the Changing Family in Asia*, London: Palgrave Macmillan, 2015.

Pease, B., Undoing *Privilege Unearned Advantage in a Divided World*, London: Zed Books, 2010.

Pfeiffer, L. and J. E. Taylor., "Gender and the Impacts of International Migration: Evidence from Rural Mexico Over Time", in A. R. Morrison, M. Schiff, and M. Sjoblom (eds.), *The International Migration of Women*, New York: World Bank and Palgrave Macmillan, 2008.

Phan Le-Ha, *Transnational Education Crossing "Asia" and "The West": Adjusted Desire, Transformative Mediocrity and Neo-colonial Disguise*, London: Routledge, 2017.

Piper, Nicola and Mina Roces, eds., *Wife or Worker? Asian Women and Migration*, Lanham, MD: Rowman and Littlefield, 2003.

Plaza, S. and D. Ratha, "Remittances", in Global Migration Group, eds., *Handbook for Improving the Production and Use of Migration Data for Development*, Global Knowledge Partnership for Migration and Development (KNOMAD), World Bank, Washington, D. C., 2017.

Randall Akee and DeveshKapur, "Myanmar Remittances", Reference Number: S-53405-MYA-1, 2017, https://www.theigc.org/sites/default/files/2018/06/Akee-and-Kapur-2017-Final-report.pdf.

Ronald, *Population Mobility in Developing Countries: A Reinterpretation*, London: Belhaven Press, 1990.

Russell King, Diana Mata-Codesal and Julie Vullnetari, "Migration, Development, Gender and the 'Black Box' of Remittances: Comparative Findings from Albaniaand Ecuador", Comparative Migration, 2013.

S. Nichols. "Another Kind of Remittances: Transfer of Agricultural Innovations by Migrants to Their Communities of Origin", *Mexico-California*, 2002.

Seers, D., "The periphery of Europe", in D. Seers, B. Schafffer and M-L. Kiljunen (eds). *Underdeveloped Europe: Studies in Core-Periphery Relations*, Hassocks: Harvester Press, 1979.

Standing G., *The Precariat. The New Dangerous Class*, London: Bloomsbury Academic, 2011.

Stark, O., *The Migration of Labor*, Oxford: Basil Blackwell, 1991.

Stephen Castles, Hein De Haas and Mark J. Miller, *The Age of Migration: International Population Movements in the Modern World*, New York: Palgrave Macmillan, 2014.

"Thailand Migration Report 2019", United Nations Thematic Working Group on Migration in Thailand, edited by Benjamin Harkins, 2019.

The Border Consortium, "Thailand Burma Border Consortium Program Report: July to December 2010", https://www.refworld.org/docid/4ec24e8b2.html.

The World Bank, "Global Forum on Remittances, Investment and Development 2017 Offical Report", New York, 2017.

Thomas Hylland, "Nationalism and Internet", *Nations and Nationalism*, March 1995, pp. 1-17.

Un Women, "Managing Labour Migration in Asean: Concerns for Women Migrant Workers", Asia-Pacific Regional Office, Bangkok, 2013.

UNICEF, "Social Inclusion and Governance. UNICEF Country Programme 2016 - 2018", http://www.unicef.org/cambodia/Country_Kit_SIG_Final_A4.pdf.

United Nation, "International Migration Report 2017", Department of Economic and Social Affairs Population Division, 2017.

United Nations Conference on Trade and Development, *Impact of Remittances on Poverty in Developing Countries*, New York, NY: United Nations, 2011.

UNPFA, "State of World Population 2006: A Passage to Hope: Women and International Migration", 2016.

Wallerstein Immanuel, World-systems Analysis: *An Introduction*, Durham: Duke University Press, 2004.

Waters Johanna L., *Education, Migration, and Cultural Capital in the Chinese Diaspora: Transnational Students between Hong Kong and Canada*, Amherst, New York: Cambria Press, 2008.

Werner Z. Hirsch, (eds). *Regional Development and Planning: a Reader*, Cambridge, Massachusetts: The MIT Press.

William, *Global Marriage: Cross-border Marriage Migration in Global Context Migration, Minorities and Citizenship*, London: Palgrave Macmillan, 2010.

World Bank Group. "Migration and Remittances Recent Developments and Outlook", 2018.

World Bank, *Labor Migration in the Mekong Sub-Region, A Synthesis Report*, Phase I, 2006.

W. R. and M. D. Warren, *Inside the Mixed Marriage*, London: University Press of America, 1994.

Zhang Hongzhi, Chan Philip, Kenway Jane, *Asia as Method in Education*

Studies: A Defiant Research Imagination, New York, NY: Routledge, 2015.

"Remittances: The New Development Mantra?", G-24 Discussion Papers from United Nations Conference on Trade and Development, 2004, http://www.unctad.org/en/Docs/gdsmdpbg2420045_en.pdf.

文章

Ahmad, Bayiz Ahmad, Shah Mahsood, "International Students' Choice to Study in China: An Exploratory Study", *Tertiary Education and Management*, Vol. 24, No. 4, 2018.

Aihwa Ong., Neoliberalism as Mobile Technology, *Transactions of the Institute of British Geographers*, Vol. 32, No. 1, 2007.

Akin LMabogunje, "System Approach to a Theory of Rural-Urban Migration" *Geographical Analysis*, Vol. 2, No. 1, 1970.

Alicia Llácer, María Victoria Zunzunegui, Julia del Amo, Lucía Mazarrasa, and Francisco Bolumar, "The Contribution of a Gender Perspective to the Understanding of Migrants' Health", *Epidemiol Community Health*, Vol. 61, 2007.

Mirjana, "Birds of Passage are also Women", *International Migration Review*, Vol. 18, No. 4, 1984, pp. 886-907.

Aristide R. Zolberg, "The Next Waves: Migration Theory for a Changing World", *International Migration Review*, Vol. 23, No. 3, 1989.

Armbruster, Heidi, "Realising the Self and Developing the African: German Immigrants in Namibia", *Journal of Ethnic and Migration Studies*, Vol. 36, No. 8, 2010.

BanditaSijapati, "Women's Labour Migration from Asia and the Pacific: Opportunities and Challenges", *Issue in Brief*, 2015, No. 12.

Banks, S. P, "Identity Narratives by American and Canadian Retirees in Mexico", *Journal of Cross-Cultural Gerontology*, Vol. 19, No. 4, 2004.

Benson, Michaela. & O'Reilly, Karen, "Migration and the Search for a Better Way of Life: A Critical Exploration of Lifestyle Migration", *The

Sociological Review, Vol. 57, No. 4, 2009.

Bhadra Chandra, "International Labor Migration of Nepalese Women: Impact of their Remittances on Poverty Reduction", *ARTNeT Working Paper Series*, No. 44, 2017.

Blomely N. Mobility, "Empowerment and the Rights Revolution", *Political Geography*. Vol. 13, No. 5, 1994.

Boccagni Paolo, "Aspirations and the Subjective Future of Migration: Comparing Views and Desires of the 'Time Ahead' through the Narratives of Immigrant Domestic Workers", *Comparative Migration Studies*, Vol. 5, No. 4, 2017.

Bonacich, E., "A Theory of Middleman Minorities", *American Sociological Review*, Vol. 38, No. 5, 1973.

Butler, G. & Richardson, S., "Working to Travel and Long-term Career Dilemmas: Experiences of Western lifestyle Migrants in Malaysia", *Tourist Studies*, Vol. 13, No. 3, 2013.

Carlin Jorgen, Schewel Kerilyn, "Revisiting Aspiration and Ability in International Migration", *Journal of Ethnic and Migration Studies*, Vol. 44, No. 6, 2018, pp. 945-963.

Catherine Therrien and Chloé Pellegrini, "French migrants in Morocco: from a desire for elsewhereness to an ambivalent reality", *The Journal of North African Studies*, Vol. 20, No. 4, 2015.

Chan David, Ng Pak Tee, "Similar Agendas, Diverse Strategies: The Quest for a Regional Hub of Higher Education in Hong Kong and Singapore", *Higher Education Policy*, Vol. 21, No. 4, 2008, pp. 487-503.

Charles M. Vance ed., "The Expat-Preneur: Conceptualizing a Growing International Career Phenomenon", *Journal of Global Mobility: The Home of Expatriate Management Research*, Vol. 4, No. 2, 2016.

Cheong KeeCheok, Lee Kam Hing and Poh Ping Lee, "Chinese Overseas Remittances to China: The Perspective from Southeast Asia", *Journal of Contemporary Asia*, Vol. 43, No. 1, 2013.

Ciobanu, R. O. & Hunter, A., "Older Migrants and (Im) mobilities of

Ageing: An Introduction", *Population, Space and Place*, Vol. 23, No. 5, 2017.

Collins Francis Leo, "Organizing Student Mobility: Education Agents and Student Migration to New Zealand", *Pacific Affairs*, Vol. 85, No. 1, 2012, pp. 137–160.

Croucher, S., "Privileged Mobility in an Age of Globality", *Societies*, Vol. 2, No. 1, 2012.

Cummings William K., So Wing-Cheung, "The Preference of Asian Overseas Students for the United States: An Examination of the Context", *Higher Education*, Vol. 14, No. 4, 1985.

Danièle Bélanger, Tran Giang Linh & Le Bach Duong, "Marriage as Emigrants: Remittances of Marriage Migrant Women from Vietnam to Their Natal Families", *Asian Population Studies*, Vol. 7, No. 2, 2011.

Dannecker, Petra, "Migrant Visions of Development: A Gendered Approach", *Population, Space and Place*, Vol. 15, 2009.

Ding Xiaojiong, "Exploring the Experiences of International Students in China", *Journal of Studies in International Education*, Vol. 20, No. 4, 2016.

Duan Chengrong, ang Ge, Zhang Fei, Lu Xuehe, "Nine Trends of Changes of China's Floating Population Since the Adoption of the Reform and Opening-up Policy", *Population Research*, Vol. 33, No. 6, 2008.

Farrer, James, "From 'Passports' to 'Joint Ventures': Intermarriage between Chinese Nationals and Western Expatriates Residing in Shanghai", *Asian Studies Review*, Vol. 32, No. 1, 2008.

Farrer, James, "'New Shanghailanders' or 'New Shanghainese': Western Expatriates' Narratives of Emplacement in Shanghai", *Journal of Ethnic and Migration Studies*, Vol. 36, No. 8, 2010.

Fechter, Anne-Meike & Walsh, Katie, "Examining 'Expatriate' Continuities: Postcolonial Approaches to Mobile Professionals", *Journal of Ethnic and Migration Studies*, Vol. 36, No. 8, 2010.

Findlay Allan, King Russell, eds., "World Class? An Investigation of

Globalisation, Difference and International Student Mobility", *Transactions of the Institute of British Geographers*, Vol. 37, No. 1, 2012.

Froese, Fabian. Jintae, & Peltokorpi, Vesa, "Organizational Expatriates and Self-initiated Expatriates: Differences in Cross-cultural Adjustment and Job Satisfaction", *The International Journal of Human Resource Management*, Vol. 24, No. 10, 2013.

Gambold, L. L., "DIY Aging Retirement Migration as a New Age-Script", *Anthropology & Aging*, Vol. 39, No. 1, 2018.

Girling, R. A. & Bamwenda, E., "The Emerging Trend of "Expat-preneurs": A Headache for the Pre-existing Ethnic Entrepreneur Theories", *Sosyoekonomi Journal*, Vol. 26, No. 38, 2018.

Green, Paul. Mobility, "Subjectivity and Interpersonal Relationships: older, Western Migrants and Retirees in Malaysia and Indonesia", *Asian Anthropology*, Vol. 14, No. 2, 2015.

Harper, Robin A. and Hani Zubida, "Being Seen: Visibility, Families and Dynamic Remittance Practices", *Migration and Development*, Vol. 7, No. 1, 2018.

Hayes, Matthew, "Moving South: The Economic Motives and Structural Context of North America's Emigrants in Cuenca", *Ecuador. Mobilities*, Vol. 10, No. 2, 2014.

Hayes, Matthew, "We Gained a Lot Over What We Would Have Had, The Geographic Arbitrage of North American Lifestyle Migrants to Cuenca, Ecuador", *Journal of Ethnic and Migration Studies*, Vol. 40, No. 12, 2014.

Heide Casta Eda, Seth M. Holmes, Daniel S. Madrigal, Maria-Elena DeTrinidad Young, Naomi Beyeler, and James Quesada, "Im-migration as a Social Determinant of Health", *Annual Rev. Public Health*, Vol. 36, 2015.

Hein de Haas, "Migration and Development: A Theoretical Perspective1 International", *Migration Review*, Vol. 44, No. 1, 2010.

Hein, H. D., "The Migration and Development Pendulum: A Critical

View on Research and Policy", *International Migration*, Vol. 50, No. 3, 2012.

HO, Elaine L. E., "The Geo-Social and Global Geographies of Power: Urban Aspirations of 'Worlding' African Students in China", *International Studies Review*, Vol. 10, No. 4, 2008.

Hochschild, A. R., "The Culture of Politics: Traditional, Postmodern, Cold-Modern, and Warm-Modern Ideals of Care", *Social Politics*, No. 2/3, 1995.

Hochschild Arlie, "The Nanny Chain", *The American Prospect*, No. 3, 2000.

Howard, Robert W., "Western Retirees in Thailand: Motives, Experiences, Wellbeing, Assimilation and Future Needs", *Ageing and Society*, Vol. 19, No. 2, 2008.

Hsin-Chieh Chang and Steven P. Wallace, "Migration Processes and Self-rated Health Among Marriage Migrants in South Korea", *Ethnicity & Health*, Vol. 21, No. 1.

Huber, Andreas., & O'Reilly, Karen, "The Construction of Heimat under Conditions of Individualised Modernity: Swiss and British Elderly Migrants in Spain", *Ageing and Society*, Vol. 24, No. 3, 2004.

Hyunok Lee, "Political Economy of Cross-Border Marriage: Economic Development and Social Reproduction in Korea", *Feminist Economics*, Vol. 18, No. 2, 2012.

Imai Katsushi, Remittances, "Growth and Poverty: New Evidence from Asian Countries", *Journal of Policy Modeling*, No. 36, 2014.

Jakimow Tanya, "Gambling on Livelihoods: Desire, Hope and Fear in Agrarian Telangana, India and Central Lombok, Indonesia", *Asian Journal of Social Science*, Vol. 42, No. 3-4, 2014.

Johnston, B., "The Expatriate Teacher as Postmodern Paladin", *Research in the Teaching of English*, Vol. 34, No. 2, 1999.

Jorgen Carling, "Migration in the Age of Involuntary Inmobility: Theoretical Reflections and Cape Verdean Experiences", *Journal of Ethnic and Mi-*

gration Studies, Vol. 28, No. 1, 2002.

J. Mahler and Patricia R. Pessar, "Gendered Geographies of Power: Analyzing Gender Across Transnational Spaces", *Identities*, Vol. 7, No. 4, 2001.

Keiko Osaki, "Migrant remittances in Thailand: Economic Necessity or Social norm?", *Journal of Population Research*, Vol. 20, No. 2, 2003.

Keiko Osaki, "Economic Interactions of Migrants and their Households of Origin: Are Women More Reliable Supporters?", *Asian and Pacific Migration Journal*, Vol. 8, No. 4, 1999.

Kim, "Weaving Women's Agency into Representations of Marriage Migrants: Narrative Strategies with Reflective Practice", *Asian Journal of Women's Studies*, Vol. 19, No. 3, 2013.

Kimberle Crenshaw, "Demarginalizing the Intersection of Race and Sex: A Black Feminist Critique of Antidiscrimination Doctrine, Feminist Theory and Antiracist Politics", *The University of Chicago Legal Forum*, Vol. 140, 1989.

King, Russell, Ruiz-GelicesEnric, "International Student Migration and the European 'Year Abroad': Effects on European Identity and Subsequent Migration Behaviour", *International Journal of Population Geography*, Vol. 9, No. 3, 2003.

Koikkalainen Saara, Kyle David, "Imagining Mobility: The Prospective Cognition Question in Migration Research", *Journal of Ethnic and Migration Studies*, Vol. 42, No. 5, 2016.

Kordel, Stefan., & Pohle, Perdita, "International Lifestyle Migration in the Andes of Ecuador: How Migrants from the USA Perform Privilege, Import Rurality and Evaluate Their Impact on Local Community", *Sociologia Ruralis*, Vol. 58, No. 1, 2016.

Kordel, Stefan., & Pohle, Perdita, "International Lifestyle Migration in the Andes of Ecuador: How Migrants from the USA Perform Privilege", *Import Rurality and Evaluate Their Impact on Local Community Sociologia Ruralis*, Vol. 58, No. 1, 2018.

Korpela, M, "A Postcolonial Imagination? Westerners Searching for Authenticity in India", *Journal of Ethnic and Migration Studies*, Vol. 36, No. 8, 2010.

Lan, L., Jutaviriya, K., "The Transnational Migration Process of New Chinese Migrant Traders in Bobae Market, UdonThani, Thailand", *Journal of Mekong Societies*, Vol. 13, No. 2, 2017.

Lan Pei chia, "Deferential Surrogates and Professional Others: Recruitment and Training of Migrant Care Workers in Taiwan and Japan", *Positions East Asia Cultures Critique*, Vol. 24, No. 1, 2016.

Lansupa, Pei.-Chia, "White Privilege, Language Capital and Cultural Ghettoisation: Western High-Skilled Migrants in Taiwan", *Journal of Ethnic and Migration Studies*, Vol. 37, No. 10, 2011.

Lan. P., "Migrant Women's Bodies as Boundary Markers: Reproductive Crisis and Sexual Control in the Ethnic Frontiers of Taiwan", *Women in Culture and Society*, Vol. 33, No. 4, 2008.

Lardiés, Raúl, "Migration and Tourism Entrepreneurship: North-European Immigrants in Cataluña and Languedoc", *International Journal of Population Geography*, Vol. 5, No. 6, 1999.

Lauby Jennifer & Oded Stark, "Individual Migration as a Family Strategy: Young Women in the Philippines", *Population Studies*, No. 42, 1988.

Leonard, P., *Expatriate Identities in Postcolonial Organizations: Working Whiteness*, NY: Routledge, 2016.

Leonard, P., "Old Colonial or New Cosmopolitan? Changing White Identities in the Hong Kong Police", *Social Politics: International Studies in Gender, State & Society*, Vol. 17, No. 4, 2010.

Leonard, P., "Organizing Whiteness: Gender, Nationality and Subjectivity in Postcolonial Hong Kong", *Gender, Work & Organization*, Vol. 17, No. 3, 2008.

Lin Tian, Niancai Liu, "Inward International Students in China and Their Contributions to Global Common Goods", *Higher Education*, Vol. 81, 2020.

Lisa Åkesson, "Remittances and Relationships: Exchange in Cape Verdean Transnational Families", *Ethnos*, Vol. 76, No. 3, 2017.

Marginson Simon, "Global Position and Position Taking: The Case of Australia", *Journal of Studies in International Education*, Vol. 11, No. 1, 2007.

Morrissey, M., "Imaginaries of North American Lifestyle Migrants in Costa Rica", *Population, Space and Place*, Vol. 24, No. 8, 2018.

Mulvey Benjamin, "Conceptualizing the Discourse of Student Mobility between 'Periphery' and 'Semi-periphery': The Case of Africa and China", *Higher Education*, Vol. 81, No. 3, 2020.

Murshed Chowdhury and Anupam Das, "Remittance Behaviour of Chinese and Indian Immigrants in Canada", *Review of Economics*, Vol. 67, No. 2, 2016.

Nazilla Khanlou, R. N., "Mental Health Promotion Education in Multicultural Settings", *Nurse Education Today*, Vol. 23, No. 2, 2003.

Nicola, "International Marriage in Japan: 'Race' and 'Gender' perspectives Gender", *Place & Culture*, Vol. 4, No. 3, 1997.

Niimi Yoko & Barry Reilly, "Gender Differences in Remittance Behavior: Evidence from Vietna", *The Singapore Economic Review*, Vol. 56, No. 2, 2011.

Nira Yuval-Davis, "Intersectionality and Feminist Politics", *European Journal of Women's Studies*, Vol. 13, No. 3, 2006.

Notar, B, "Producing Cosmopolitanism at the Borderlands: Lonely Planeteers and 'Local' Cosmopolitans in Southwest China", *Anthropological Quarterly*, Vol. 81, No. 3, 2008.

Nundy Mad hurima, "Indian Students in Higher Education Abroad: The Case of Medical Education in China", *ICS Analysis*, Vol. 20, No. 40, 2016.

Nyberg-Sørensen, Nicholas Van Hear and Poul Engberg-Pedersen, "The Migration-Development Nexus Evidence and Policy Options State-of-the-Art Overview", *International Migration*, Vol. 40, No. 5, 2002.

Osaki Keiko, "Migrant Remittances in Thailand: Economic Necessity or Social Norm?", *Journal of Population Research*, Vol. 20, No. 2, 2003.

Pearson Ruth & Kusakabe Kyoko, "Who Cares? Gender, Reproduction, and Care Chains of Burmese Migrant Workers in Thailand", *Feminist Economics*, Vol. 18, No. 2, 2012.

Peggy Levitt, "Social Remittances: Migration Driven Local-level Forms of Cultural Diffusion", *International Migration Review*, Vol. 32, No. 4, 1998.

Pieterse Jan & Nederveen, "Global Rebalancing: Crisis and the East-South Turn", *Development and Change*, Vol. 53, No. 2, 2011.

Pieterse Jan Nederveen, "Global Rebalancing: Crisis and the East-South Turn", *Development and Change*, No. 42, 2011.

Piper Nicola, Sohoon Lee, "Marriage Migration, Migrant Precarity, and Social Reproduction in Asia: An Overview", *Critical Asian Studies*, Vol. 48, 2016.

Piper, "Labor Migration, Trafficking and International Marriage: Female Cross-Border Movements into Japan", *Asian Journal of Women's Studies*, Vol. 5, No. 2, 1999.

Qamar, Azher Hameed, "At-home Ethnography: A Native Researcher's Fieldwork Reflections", *Qualitative Research Journal*, Vol. 21, No. 1, 2020.

Raghuram, P., Noxolo, P., Madge, C., "Rising Asia and Postcolonial Geography: Rising Asia and Postcolonial Geography", *Singapore Journal of Tropical Geography*, Vol. 35, No. 1, 2014.

Raghuram Parvati, "Theorising the Spaces of Student Migration", *Population Space and Place*, Vol. 19, No. 2, 2012.

Rahman andLianKwen Fee, "Towards a Sociology of Migrant Remittances in Asia: Conceptual and Methodological Challenges", *Journal of Ethnic and Migration Studies*, Vol. 38, No. 4, 2012.

Richard, P., C. Brown, "World Development Estimating Remittance

Functions for Pacific", *Island Migrants*, Vol. 25, No. 4, 1997.

Rizwan Muhammad, Rosson J. Nicole, Tackett Sean, "Globalization of Medical Education: Current Trends and Opportunities for Medical Students", *Scientific Open Access Journals*, Vol. 2, 2018.

Robin A. Harper, Hani Zubida, "Being Seen: Visibility, Families and Dynamic Remittance Practices", *Migration and Development*, Vol. 7, No. 1, March 2017.

Rodriguez, J. K., & Ridgway, M., "Contextualizing Privilege and Disadvantage: Lessons from Women Expatriates in the Middle East", *Organization*, Vol. 26, No. 3, 2018.

Ronald Skeldon, "International Migration as a Tool in Development Policy: A Passing Phase?", *Population and Development Review*, Vol. 34, No. 1, 2008.

Sassen Saski, "Women's Burden: Counter-Geographies of Globalization and the Feminization of Survival", *Journal of International Affairs*, No. 42, 2000.

Scuzzarello, S., "Practising Privilege, How Settling in Thailand Enables Older Western Migrants to Enact Privilege over Local People", *Journal of Ethnic and Migration Studies*, Vol. 46, No. 8, 2020.

SepaliGuruge and NazillaKhanlou, "Intersectionalities of Influence: Researching the Health of Immigrant and Refugee Women", *Canadian Journal of Nursing Research*, Vol. 36, No. 3, 2004.

Sidhu Ravinder, "Building a Global Schoolhouse: International Education in Singapore", *Australian Journal of Education*, Vol. 49, No. 1, 2005.

Sigley, Gary, "Chinese Governmentalities: Government, Governance and the Socialist Market Economy", *Economy & Society*, Vol. 35, No. 4, 2006.

Srensen Nina Nyberg, "The Development Dimension of Remittances", *IOM Working Paper*, No. 1, 2004.

Stark, "Motivations to Remit: Evidence from Botswana", *Journal of Political Economy, Vol. 93, No. 5, 1985.

Stein Sharon, Oliveira-de-Andreotti Vanessa, "Cash, Competition, or Charity: International Students and the Global Imaginary", Higher Education, Vol. 72, No. 2, 2016.

Sylvia Loperz-Ekra, Christine Aghazarm, Henriette Kotter and Blandine-Mollard, "The Impact of Remittances on Gender Roles and Opportunities for Children in Recipient Families", Research from the International Organization for Migration, Vol. 19, No. 1, 2011.

Thao Vu Thi, "Making a Living in Rural Vietnam from (Im) mobile Livelihoods: A Case of Women's Migration", Population, Space and Place, No. 19, 2013.

Thomas Sigler and David Wachsmuth, "Transnational Gentrification: Globalisation and Neighbourhood Change in Panama's Casco Antiguo". Urban Studies, Vol 53, No. 4, 2015.

Tran Giang Linh and Le Bach Duong, "Marriage as Emigrants: Remittances of Marriage Migrant Women from Vietnam to Their Natal Families", Asian Population Studies, Vol. 7, No. 2, 2011.

Vladimír Baláž, Willianms, A. M., "'Been There, Done That': International Student Migration and Human Capital Transfers from the UK to Slovakia", Population, Space and Place, Vol. 10, No. 3, 2004.

Wagle Udaya, "The Role of Remittances in Determining Economic Security and Poverty in Myanmar", European Journal of Development Research, No. 28, 2016.

Wang and Shu-ming Chang, "The Commodification of International Marriages: Cross-border Marriage Business in Taiwan and Viet Nam", International Migration, Vol. 19, No. 6, 2002.

Waters Johanna, Brooks Rachel, Pimlott-Wilson Helena, "Youthful Escapes? British Students, Overseas Education and the Pursuit of Happiness", Social & Cultural Geography, Vol. 12, No. 5, 2011.

Waters, Johannna L., "Geographies of Cultural Capital: Education, International Migration and Family Strategies between Hong Kong and Canada", *Transactions Institute of British Geographers*, Vol. 31, No. 2, 2006.

Yang Peidong, "Compromise and Complicity in International Student Mobility: The Ethnographic Case of Indian Medical Students at a Chinese University", *Discourse: Studies in the Cultural Politics of Education*, Vol. 39, No. 5, 2018.

Yeates, Nicola. Global Care Chains: Critical Reflections and Lines of Inquiry, *International Feminist Journal of Politics*, Vol. 6, No. 3, 2004.

Y. Shehu, "The Asian Alternative Remittance Systems and Money Laundering", *Journal of Money Laundering Control*, Vol. 7, No. 2, 2004.